西南民族大学中国西部民族经济研究中心
郑长德◎主编

减贫与发展（2018）：
精准扶贫地方实践

POVERTY REDUCTION
AND DEVELOPMENT(2018)
LOCAL PRACTICE OF
TARGETED POVERTY ALLEVIATION

中国经济出版社
CHINA ECONOMIC PUBLISHING HOUSE
北 京

图书在版编目（CIP）数据

减贫与发展. 2018：精准扶贫地方实践 / 郑长德主编.
--北京：中国经济出版社，2019.7
ISBN 978-7-5136-5783-9
Ⅰ.①减… Ⅱ.①郑… Ⅲ.①贫困问题—研究—中国 Ⅳ.①F126
中国版本图书馆CIP数据核字（2019）第159575号

责任编辑 李煜萍 李若雯
责任印制 巢新强

出版发行 中国经济出版社
印 刷 者 北京力信诚印刷有限公司
经 销 者 各地新华书店
开　　本 710mm × 1000mm 1/16
印　　张 12
字　　数 190千字
版　　次 2019年7月第1版
印　　次 2019年7月第1次
定　　价 68.00元
广告经营许可证 京西工商广字第8179号

中国经济出版社 **网址** www.economyph.com **社址** 北京市西城区百万庄北街3号 **邮编** 100037

本版图书如存在印装质量问题，请与本社发行中心联系调换（联系电话：010-68330607）

PREFACE 前 言

2013年11月，习近平总书记在湖南湘西考察时提出“精准扶贫”的概念。2014年，国务院制定《建立精准扶贫工作机制实施方案》。自此，我国全面展开精准扶贫工作。精准扶贫全面启动以来，我国脱贫攻坚取得决定性进展。2013—2017年，我国每年农村脱贫人口分别为1650万人、1232万人、1442万人、1240万人和1289万人，通过精准扶贫6800多万人已经走出了贫困泥沼。到2017年末，全国农村贫困人口为3046万人，贫困发生率由2013年的10.2%下降到2017年的3.1%。贫困地区农村居民收入增幅高于全国平均水平，贫困群众生活水平明显提高，贫困地区面貌明显改观。

开展精准扶贫以来，各级政府高度重视，始终把脱贫攻坚作为最大的政治、最大的民生，聚焦“两不愁、三保障”目标，采取超常举措、付出超常努力，以“绣花”的功夫推进精准扶贫、精准脱贫，积累了丰富的经验。总结这些经验，对于进一步深化精准扶贫、精准脱贫，确保到2020年消除绝对贫困，实现全面小康，具有重要意义。

近年来，国家民委人文社科重点研究基地——西南民族大学中国西部民族经济研究中心组织师生参加了国家、四川省及部分州县委托的脱贫攻坚第三方评估，亲身感受到了战斗在脱贫攻坚第一线干部群众的责任担当和创新精神。我们深信，到2020年，实现全国在现行标准下农村绝对贫困人口全部脱贫、贫困县全部摘帽，解决区域性整体贫困，消除绝对贫困是完全能够高质量完成的。

中心研究人员在完成第三方评估报告的同时，组织队伍到部分贫困县进行深入调查，在此基础上撰写了多份调查报告和研究论文。《减贫与发展（2018）：精准扶贫地方实践》汇集了中心研究人员最近两年开展的精准扶贫、精准脱贫调查的部分成果。调查报告形成的基础是最近两年开展的四川省脱贫攻坚第三方评估工作中积累的材料，以及赴四川省凉山彝族自治州、阿坝藏族羌族自治州、甘孜藏族自治州和贵州省六盘水市、铜仁市等地的实地调研取得的材料。在进行脱贫攻坚第三方评估和调研中，得到了多个部门的大力支持，特别感谢四川省扶贫移民局、凉山彝族自治州及各县扶贫移民局、阿坝藏族羌族自治州及各县扶贫移民局、甘孜藏族自治州及各县扶贫移民局的领导和工作人员，正是有了他们的大力支持和有效配合，脱贫攻坚第三方评估和课题调研才得以顺利完成。

在调研和研究过程中，得到四川省人民政府研究室的精心指导，课题的顺利进行离不开西南民族大学各位领导、科技处的领导的关心和支持，在此表示最诚挚的感谢。西南民族大学中国少数民族经济、应用经济学专业的部分研究生参加了调研。

民族地区精准扶贫地方实践经验十分丰富，但由于研究人员知识的局限和时间的约束，报告中难免存在疏漏，全由各章作者负责。

本书的出版得到了中宣部文化名家暨“四个一批”人才项目的资助。中国经济出版社李煜萍同志为本书的顺利出版付出了很多努力，在此一并表示感谢。

编者

2018年12月18日

CONTENTS 目 录

CONTENTS　表目录

CONTENTS 图目录

第1章　四川民族地区精准扶贫的地方实践调查*

西南民族大学课题组

摘　要　2018年春节前夕，习近平总书记深入大凉山腹地慰问贫困群众时指出，我们搞社会主义，就是要让各族人民都过上幸福美好的生活。全面建成小康社会最艰巨最繁重的任务在贫困地区，特别是在深度贫困地区，无论这块硬骨头有多硬都必须啃下，无论这场攻坚战有多难打都必须打赢，全面小康路上不能忘记每一个民族、每一个家庭。根据习近平总书记的指示，在不到3年的时间里，要实现四川民族地区贫困人口全部脱贫，必须毫不动摇把脱贫攻坚作为全省工作的头等大事，把提高脱贫质量放在首位，聚焦深度贫困地区，发扬连续作战作风，采取更加有力措施，扎扎实实把脱贫攻坚战推向前进。

打赢四川民族地区脱贫攻坚之战，产业发展要以市场为导向，以增加贫困农户收入为中心。四川民族地区的产业发展，首先要立足于自身的比较优势，这种比较优势不仅应建立在良好的自然条件基础之上（如丰富的自然资源、各族人民的“手艺活”和民族文化），还应具有规模报酬递增的特点。其次，产业发展要规模适度，追求品质。因为规模越大，结果对于缺乏弹性的农产品“益贫度”越小，甚至是“损贫”的，所以在保持适度规模的前提下，要着力于提高产品品质，增加产品的弹性。最后，在产

---

* 项目支持：四川省政府办公厅2017年政务调研项目。

课题组组长：郑长德，西南民族大学经济学院/中国西部民族经济研究中心教授、博士生导师。课题组成员：单德朋，西南民族大学中国西部民族经济研究中心教授/博士；钟海燕，西南民族大学经济学院教授/博士（后）；廖桂蓉，西南民族大学经济学院教授/博士（后）；龚贤，西南民族大学博士研究生；邢伯伦，西南民族大学博士研究生；曹正忠，西南民族大学讲师/湖南大学博士研究生。

业发展方式上，对于农产品加工和民族文化产业，集聚集群发展是重要选择。产业的集聚发展会产生集聚效应，便于共享基础设施和信息，有利于各种文化资源互补和匹配，进而产生溢出效应。例如，建立民族文化产业园，使民族文化载体得以集聚，促进产业化发展和民族文化传承与保护等。

打赢四川民族地区脱贫攻坚之战，要切实加强各类人才的培养。习近平总书记指出，发展特色产业、长期稳定致富，都需要人才。要培养本地人才，引导广大村民学文化、学技能，提高本领。一个地区要摆脱贫困，建设全面小康，人才是关键。培养本地人才是扶贫开发的重要任务，也是阻断贫困代际传递的重要途径。要采取有效措施，确保彝区藏区农村基础教育和职业教育有更大改善。从当前实际工作需要来看，彝区藏区要坚持把着力点放在培养本地人才上，从困难群众急需的教育帮扶入手，建立多层次教育体系，赋予贫困群众及其子弟接受教育和再教育的便利，通过夜校、职业技术学校、对口帮扶等多种渠道，提高村民的文化水平和专业技能水平，让他们真正从能力提升中得到实实在在的回报。同时，彝区藏区还要“不拘一格降人才”，吸收、引进、用好外来人才，助力脱贫攻坚。

打赢四川民族地区脱贫攻坚之战，可通过易地扶贫搬迁谋发展。习近平总书记指出，易地扶贫搬迁是实现精准脱贫的有效途径，一定要把这项工作做好做实。搬迁安置要与发展产业、安排就业紧密结合，让搬迁群众能住下、可就业、可发展。四川民族地区有少数村组，由于自然环境极其恶劣，实行移民搬迁无疑是较好的选择。在移民搬迁过程中，一是要注意整村组搬迁，这样可以集中居住，带来民族文化资源载体的集聚，集中居住形成聚落，随后可以发展为集镇，从而获得集聚效应；二是移民搬迁与自然景区建设相结合、与城镇化进程相结合、与特色小镇建设相结合，这样可以实现“挪穷窝、断穷根”；三是把民族文化融入易地扶贫搬迁，借此发展民族文化和旅游产业等。

打赢四川民族地区脱贫攻坚之战，要更加重视“扶志脱贫”。扶贫先要扶志，走出贫困必须摆脱意识和思想上的贫困。脱贫内生动力的获得，首先要注重“志”的树立。通过扶“志”与立“志”，唤起贫困群众对美好生活的向往，从而激发群众自力更生、摆脱贫困的强大动力。尤其在四川的少数民族地区，要更加注重精神养成和文化建设来扶“志”，通过移风易俗，养成好习惯、形成好风气，定能为脱贫奔康提供强大助力。

打赢四川民族地区脱贫攻坚之战，要不断完善社会保障和保险体系，提高脱贫的稳定性和可持续性。社会保障保险的作用一是兜底，二是保障。保障又可分为公共性较强的基本保障，以及非公共性的商业保障保险等。在第一层次，如面向残疾人、孤寡老人等特定人群的社会救助，应由政府提供基本公共服务和兜底性的保障；在第二层次，面向所有人的基本保障保险，如养老保险、失业保险、基本医疗保险等，由政府、企业、个人共同出资；在第三层次，如大病医疗保险等各类商业保险，由商业企业（保险公司）提供，私人购买，但对于贫困群体，也可由政府和个人共同出资购买，或由第三方资助，有了这些保障，就会减少因病致贫现象的发生。

总之，四川民族地区脱贫攻坚任重道远，我们要真正用好习近平总书记扶贫开发重要战略思想这一强大理论武器，把握精准扶贫精准脱贫基本方略，抓重点、攻难关，一针一线绣好彝区藏区脱贫攻坚这朵“民生之花”。

关键词　四川民族地区；脱贫攻坚战；精准扶贫实践

1.1　引言

以民族区域自治地方为主的四川民族地区①，包括甘孜藏族自治州、阿坝藏族羌族自治州、凉山彝族自治州及峨边彝族自治县、马边彝族自治县、北川羌族自治县和木里藏族自治县。从贫困地区的地理分布来看，四川民族地区地处全国14个连片特困地区中的四省藏区中的四川藏区（包括阿坝州、甘孜州和木里县）、乌蒙山区（包括凉山州、马边县、峨边县及川南泸州市和宜宾市的少数民族地区待遇县）、秦巴山区（包括北川县及

① 四川民族地区，除民族区域自治地方外，还包括经四川省人民政府同意的少数民族地区待遇县。

绵阳市、巴中市、达州市的少数民族地区待遇县）。而且，四川藏区是国家层面的深度贫困地区的三区（西藏、新疆南疆四地州和四省藏区）之一，凉山彝族自治州是国家层面深度贫困地区的三州（甘肃的临夏回族自治州、四川的凉山彝族自治州和云南的怒江傈僳族自治州）之一。四川省36个国家扶贫开发工作重点县全部位于四川民族地区。

四川民族地区具有如下特点：贫困面广，贫困人口多，贫困发生率高；贫困程度深，脱贫难度大，脱贫的边际投入高；多重致贫原因叠加，空间贫困、多维贫困与贫困的代际传递严重；少数民族的贫困严重；区域发展水平不高，区域总体贫困。①

因此，四川民族地区脱贫攻坚任务艰巨，是四川省打赢脱贫攻坚战的重点地区和难点地区。“十二五”时期，尤其是党的十八大以来，四川省各级政府始终把脱贫攻坚作为最大的政治、最大的民生，聚焦“两不愁、三保障”和“四个好”目标，采取超常举措、付出超常努力，全省农村贫困人口从2012年底的750万人减少到2016年底的272万人，贫困发生率从11.5%降至4.3%。四川民族地区各级政府在四川省委和省人民政府的领导下，以“绣花”的功夫推进精准扶贫、精准脱贫，积累了丰富的经验。总结这些经验，对于进一步深化精准扶贫、精准脱贫，确保到2020年消除四川民族地区的绝对贫困，实现全面小康，具有重要意义。

按照《四川省人民政府办公厅关于印发四川省2017年度政务调研要点的通知》要求，“四川民族地区精准扶贫地方实践调查”课题组根据近两年开展的四川省脱贫攻坚第三方评估工作中积累的材料，以及赴凉山州喜德县、雷波县，阿坝州红原县等地的实地调研，形成了本书。本书点面结合，既有从总体角度对各地区脱贫攻坚具体做法的总结，又有针对某个具体点的分析。本书最后针对四川民族地区的精准扶贫、精准脱贫，提出了进一步完善相关政策的建议。

---

① 对四川民族地区贫困的分析详见郑长德. 中国西部民族经济调查（2014）[M]. 北京：经济科学出版社,2015.

1.2　阿坝藏族羌族自治州精准扶贫实践①

1.2.1　概述

阿坝州位于四川省西北部，青藏高原东南缘，北部与青海、甘肃省相邻，东南西三面分别与成都、绵阳、德阳、雅安、甘孜等市州接壤，区域面积8.42万平方千米。境内地貌以高原和高山峡谷为主，气候类型从亚热带到温带、寒温带、寒带，呈明显的垂直性差异，气温自东南向西北并随海拔由低到高相应降低。

阿坝州是四川省第二大藏区和我国羌族的主要聚居区，辖13县（市）219个乡镇（其中：镇51个，乡168个）1354个行政村，2015年末户籍总人口91.41万人，其中乡村人口71.06万人。阿坝州是国家确定的集中连片特困地区——四省藏区的重要组成部分，是省委、省政府确定的“四大片区”中的高原藏区。阿坝州13县（市）全部为国家集中连片特困县，其中，小金县、黑水县、壤塘县是国家扶贫开发工作重点县。2015年底，阿坝州有建档立卡贫困村606个，通过开展“十比对、八排除”等贫困人口精准识别“回头看”工作，剩余贫困人口7.4万人，贫困发生率为10.5%。从地理分布看，高半山区和边远牧区是州内贫困人口最集中、贫困程度最深的地方，也是阿坝州脱贫攻坚的主战场和重难点。（见图1–1）

阿坝州委、州政府始终高度重视扶贫开发工作，特别是党的十八大以来，在灾后恢复重建、牧民定居行动计划、大骨节病综合防治取得明显成效的基础上，继续坚持把脱贫攻坚放在全面建成小康社会的全局高度来谋划和推进，以“连片性贫困稳定脱贫、群体性贫困有效脱贫、个体性贫困持续脱贫、特殊性贫困同步脱贫”为新阶段扶贫脱贫工作思路，突出从脱贫致富向全面发展转变、从单元扶贫向连片扶贫开发转变、从常规扶贫向精准扶贫转变、从单项输血向多维造血转变、从政府主导向多位一体转变

① 本部分是在阿坝州及各县提供的调研材料基础上形成的。诚挚感谢阿坝州扶贫移民局和阿坝各县政府的大力支持。

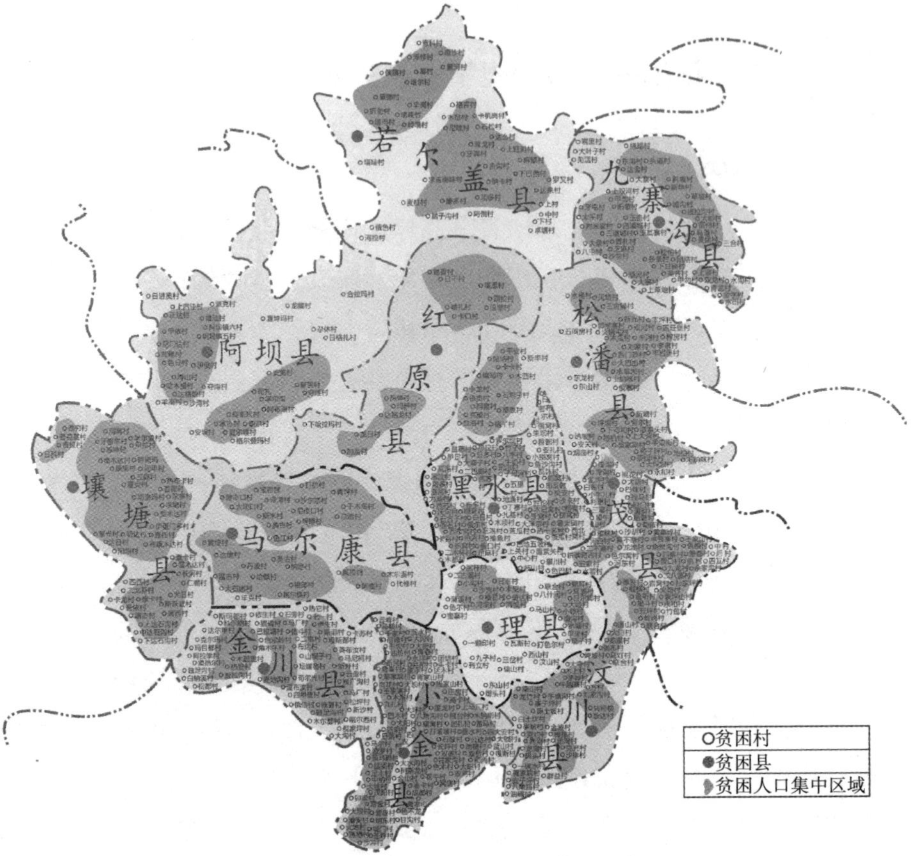

图1-1　阿坝州贫困村分布情况示意

资料来源：阿坝州扶贫移民局提供。

的扶贫工作导向，以基础建设为关键，以产业发展为途径，以生态保护为支撑，以新村建设为载体，以能力提升为根本，实行全域扶贫、全程扶贫、全员扶贫。阿坝州贫困人口数量从2011年的20.9万人减少到2015年底的7.4万人，贫困发生率从2011年的30%下降到2015年底的10.5%。2016年，阿坝州以高半山区、边远牧区为“主战场”，在精准脱贫方面定向发力，126个贫困村顺利退出，2.4万贫困人口摆脱贫困，贫困发生率下降到7%，脱贫攻坚“首战全胜”。[①]

---

① 资料来源：阿坝州扶贫移民局。

1.2.2　藏区脱贫攻坚的阿坝州模式：创新“四个扶贫模式”，突出“五个注重”

阿坝州贫困分布广、程度深、返贫率高特征明显，脱贫攻坚任务十分艰巨。近年来，阿坝州紧紧立足州情实际、民情现状，积极探索实施藏区脱贫攻坚的阿坝州模式。2016年，全州126个贫困村退出、20209人脱贫，贫困发生率下降到7%，实现脱贫攻坚“首战告捷”。

1.2.2.1　创新“四个扶贫模式”

——创新旅游扶贫开发模式。因地制宜、分类施策，积极探索“景区带动型、乡村旅游型、旅游商品型”旅游扶贫新模式，借助打造“全域、全时、多元”景区之力，注重三态融合、三微联动，积极发展康养健身游、休闲度假游、乡村体验游、特色文化游等新业态，建成省级旅游扶贫示范区1个，省级旅游扶贫示范村24个，民宿达标户122个，旅游强县、示范乡（镇）和村11个，发展星级农（牧）家乐216家、星级乡村酒店50家。据不完全统计，2016年，乡村旅游接待游客达1400万人次，实现旅游收入11.5亿元，直接从业贫困人口达2600余人，带动贫困群众户均增收2000余元。

——创新公益性岗位开发模式。坚持生态保护与脱贫攻坚有机结合，充分依托天然林保护二期工程、若尔盖国家湿地公园等生态建设项目，积极探索贫困群众参与生态保护和“国土民进”的森林管护新机制，大力开发生态保护公益性岗位，积极引导有能力、有意愿的贫困群众就近、就地成为森林管护员、湿地保护员、草场维护员。2017年，1478名贫困农牧民参与从事生态保护工作，年户均增收1万元左右。

——创新企农利益链接模式。建立农业产业引导基金，支持新型农业经营主体做大做强，健全企农之间的利益链接机制，让更多农牧民融入产业化经营链条，分享农业产业链和价值链增值收益。截至2017年，阿坝州引进新培育农民专合社486家（总数达3240家）、家庭农场55家（总数达190家），带动贫困户4200户，带动农户超过1.3万人，土地流转适度规模率已近10%，产业园区和新型经营主体对贫困村的辐射带动能力持续增强，贫困村农牧民收入主渠道日益多元化。

——创新依法治贫模式。认真贯彻执行《四川省扶贫开发条例》《阿坝州农村扶贫开发条例》，构建了法律、政策、制度、规划四位一体的扶贫法制体系。印发了《关于在脱贫攻坚中推进法治社会建设的意见》，坚持将法制宣传融入精准扶贫，确保扶贫政策人人皆知、家喻户晓。深入推进扶贫法制建设，依法核定扶贫对象，共核实锁定建档立卡贫困村606个、建档立卡贫困户7.4万人；依法制定脱贫措施，梳理出台了10个扶贫专项方案、17个年度计划，分类核定并实施了“五个一批”脱贫攻坚行动；依法规范资金项目管理，建立了州、县、乡、村扶贫资金项目四级公示公告制度，出台了财政扶贫资金监督管理办法，进一步明确了各级各部门扶贫资金项目的运行流程和监管责任。

1.2.2.2 突出“五个注重”

——注重整体与局部统筹，持续补齐基础设施短板。紧紧围绕贫困村退出“一低”“五有”“四个好”建设标准，加快实施基础扶贫行动，截至2017年，完成易地扶贫搬迁711户2320人、藏区新居建设2218户，完成率均为100%。新建通村道路、牧道1180千米，建设输电线路178千米、4G基站1404个、传输光缆5655皮长千米，新增有效灌溉面积1.3万亩。积极整合资金2.25亿元，建立教育、医疗、产业三大救助扶持基金，落实城乡居民基本医保补偿资金、大病保险补偿费、大病医疗补充商业保险补偿等共计2200余万元，实现贫困人口个人支付在10%以内。全面推动“两线合一”，兑付低保兜底资金8461万元。全面实施十五年义务教育、藏区“9+3”免费教育，累计兑付学前教育“一免一补”等资金8223万元，1200名贫困学生免费接受中职教育、1700名贫困学生享受助学政策。

——注重“输血”与“造血”协同，不断做大优势产业。坚持把产业项目与农民意愿相结合、“造血式”扶贫与“输血式”救济相结合、近期脱贫与长远致富相结合，建成4个万亩连片现代农业示范区、57个牦牛标准化养殖场、153个标准化规模养殖小区，带动13102名贫困户依靠产业脱贫。创新推行财政支农资金股权量化改革试点，新培育农民专合社486家、家庭农场55家，带动贫困户4200余户，土地流转适度规模率近10%。依托旅游资源优势，培育发展康养健身游、休闲度假游、乡村体验游、特色文化游等新业态，吸纳7992名贫困人口就业。探索实施“带动型”“组团型”“引领型”产业扶贫发展新模式，培育发展村集体经济、专业合作社、龙头企业等新型经营主体，确保贫困群众在产业扶贫中得到实惠。全面推动万人就业计划，以公益性岗位、生态管护为载体，实现7669名贫困人口就业。

——注重保护与开发齐推，全面释放生态效益。坚持绿色发展战略，全面推进绿化全州行动，启动实施岷江—大渡河流域水生态综合治理工程，持续推进“干旱河谷千里绿色走廊”建设，已建成206千米，常态化管护森林5580万亩，防沙治沙8421公顷。充分依托阿坝州“千里绿色走廊”“大熊猫国家公园”“若尔盖国家湿地公园”等生态保护建设项目，积极探索贫困群众参与生态保护的新机制，大力开发生态保护公益性岗位，积极引导有能力、有意愿的贫困群众就地、就近成为森林的管护员、湿地的保护员、草场的维护员，实现1478名贫困农牧民参与从事生态保护工作，实现每户年均增收1万元左右。

——注重扶贫与扶志并举，大力培养树新风正气。紧紧围绕创建“四好村”目标，在全州606个贫困村开办农牧民“夜校”，储备师资2500余名，建立“一县一团”“一乡一支”宣讲队，巡回宣讲政策，集中宣传脱贫攻坚政策，引导群众自立自强，积极主动脱贫，变“等着扶贫”为“立志脱贫”。充分利用报纸、电视台等媒体，制作《身边的脱贫故事》14期，广泛宣传脱贫典型，充分发挥榜样力量，激发群众思变求进精神，变“被动扶贫”为“争着脱贫”。广泛开展孝德文化建设，积极开展“文明户”评选活动，完善村规民约，推行喜事新办、丧事简办，破除陈规陋习，推动移风易俗，引导广大农牧民群众自觉接受健康文明的生活方式，激发了群众的内生动力，提振了致富精气神。

——注重主导与主体相融合，切实强化攻坚合力。全面加强脱贫攻坚领导力量，州、县选派606名优秀干部到贫困村担任第一书记，全州43名州级领导、1个国家部委、32个省级部门、11个科研院校、105个州级部门开展定点帮扶，364名县（市）级领导、520个县（市）级部门联系帮扶2016年退出的125个贫困村，750名村级干部联系帮扶贫困人口20347人。始终坚持问题导向，建立“三查两访”监督体系，实行面上巡查、重点督查、过程检查，针对性暗访、整改回访。开展各类监督7轮，派出各类工作组98个，分别对脱贫攻坚组织领导、安排部署、“六个一”帮扶、“五个一批”实施、17个扶贫专项计划推进情况等进行全面督导，做到“百分之百到村、百分之百到户”。

1.2.3 实施教育精准扶贫，助力全州脱贫攻坚

四川民族地区农村贫困的一个重要表现是代际传递。这一代穷是因为上一代穷，或者说如果上一代贫困，下一代陷入贫困陷阱的概率很大。研究表明，受教育程度低是贫困代际传递的重要因素，因此，发展教育特别是发展基础教育和职业技术教育，是阻断贫困代际传递的主要手段和动力。阿坝州在实施教育精准扶贫方面采取了一系列措施，归纳起来主要有以下几点①：

——注重制度体系建设“强保障”。以《阿坝藏族羌族自治州教育条例》为契机，大力实施十五年免费教育，全州基础教育事业得到迅速发展。截至2017年，学前三年毛入园率为75.7%，较“十一五”增长了59.7%。小学正常适龄儿童入学率为99.89%（九年义务教育巩固率如期达到93.7%）；高中阶段毛入学率为75%，较“十一五”增长了34.5个百分点；三类残疾儿童入学率为80%，较“十一五”增长了18个百分点。

——注重改善办学条件“夯基础”。通过整合国家藏区专项、学前三年行动计划、省十年行动计划、薄弱学校改造计划、教师周转房建设项目等一系列重点工程，改善办学条件。2017年，全州各级各类学校（不包括阿坝师院）校舍面积达到250万余平方米，全州配备班班通设备2116套、网络教室233间、多媒体教室2264间、计算机13883台。

——注重资助政策落实“暖人心”。狠抓各类教育扶贫项目建设，严

① 根据阿坝州教育局提供的材料整理。

格落实各类教育惠民政策，“十二五”以来，共为71771人次民族地区幼儿减免保教费并补助午餐费，为516899人次义务教育阶段学生实行“三免”，为371286人次实行“一补”，为285271人次义务教育阶段学生提供营养餐，免除15154人次中职学校学生学费并发放国家助学金，为45901人次普通高中学生免除学费及教材费，共计投入资金172876万元。

——注重人才培养培训“提素质”。阿坝州制定出台了《阿坝藏族羌族自治州鼓励教师终身从教奖励办法》，鼓励老师终身从教，健全教师激励机制，有效稳定了教师队伍。“十二五”以来，共完成中小学校长、幼儿园（园长）、教师的国家、省、州三级培训33736人次，其中，完成双语教师培训3576人次，实现了两次全员轮训工作。

——注重对外交流合作“增活力”。把深化合作作为教育扶贫的重要平台，丰富载体，借智借力，把各项工作推向深入。紧紧抓住灾后恢复重建对口支援、国家部委对口帮扶、浙川东西扶贫协作等机遇，建立了全方位、多层次、宽领域的教育交流合作机制，通过送教帮教、信息交流等形式，加强了与内地市州、沿海地区的交流合作，深化了绵阳、内江、资阳、遂宁市等城市与13个县的结对帮扶，构建了教育扶贫大格局，实现了扶贫资源大整合。

1.2.4　红原县：点燃产业扶贫“明灯”，照亮脱贫攻坚新路[①]

红原县既是阿坝州唯一的纯畜牧业县，也是国家高原藏区集中连片特困地区县，全县建档立卡贫困人口1420户4973人、贫困发生率为17.4%。近年来，红原县始终把发展产业作为实现脱贫的根本之策，在产业扶贫的精准性、有效性、持续性上施展“绣花”功夫，通过推进“党员干部带动、集体经济拉动、龙头企业推动、转产转业驱动、金融保险联动”，集中发力，着力打破“人、业”贫困“负向循环积累”，点燃高原牧区产业扶贫的“明灯”，有力带动了广大贫困群众走出“贫困陷阱”，走向脱贫致富之路。

① 资料来源：阿坝州扶贫移民局。

1.2.4.1 党员干部带动，树立产业扶贫精准脱贫示范标杆

一是实施党员精准脱贫示范工程。支持党员干部带头创业，树立脱贫标杆，带动贫困群众迈入脱贫路。瓦切镇曲登塘社区党员干部利用地理优势，自筹资金3000万元打造虎头山安多部落民俗风情体验村，优先采购当地牧民群众生产的奶渣、酥油、牛肉等食品原材料，为当地牧民群众提供就业岗位和开展牧家乐免费培训指导，带动达峨村、日干村、德香村等周围贫困村的牧户为游客提供草原观光、放牧、骑马、品尝等特色体验服务。截至2017年，年均为当地牧民群众提供就业岗位40余个，带动周边17户建档立卡贫困户开办特色牧家乐，人均增收约1500元。从2016年起，给予9户贫困户3000元/年的困难补助，帮助其改善生活条件。

二是充分发挥基层党支部和党员干部“领头雁”作用。围绕地方特色优势资源，鼓励基层组织通过带头建立产业示范基地、组建专合组织等方式培养“造血细胞”，担任脱贫攻坚造血功能“主攻手”。茸日玛村在党支部带领下，组建绵羊养殖农民专业合作社，入社社员231户（含贫困户29户）。合作社通过与县牦牛肉食品有限责任公司、遛遛牛肉食品有限公司合作，按照利益均分、风险共担的原则开发冷鲜、熟制羊肉等产品，既有效解决了合作社人员、技术、设备不足的问题，又通过产品精深加工，提高羊肉附加值，增加养殖收入，达到社企互惠双赢。壤口乡依托花海景区，开展“景区+党组织+群众”服务模式，广泛引导群众有序自发参与景区旅游综合服务，带动建档立卡贫困群众8户24人脱贫，人均增收1400余元。

1.2.4.2 集体经济拉动，夯实产业扶贫，稳定脱贫坚实基础

政府将扶贫资金投向村集体合作社，夯实配套基础设施，支持发展壮大集体经济，每年由村“两委”组织民主协商，安排一定的集体经济收益用于当年未脱贫和可能返贫的贫困户发展畜牧生产、旅游经营等，支持就医、入学等问题。龙日乡龙日村组建牦牛养殖专业合作社，现有174头生产性牦母牛，2015年通过明确权属所有、健全担保制度、建立奶牛档案、规定领养期限、签订领养合同、参加牦牛保险、提供养殖技术、加强过程

监督等措施，向有能力放牧、有牧业生产资料的8户贫困户分发10~20头牦母牛作为基本畜“让利寄养”，3年期限内所产生的幼仔、鲜奶、牛毛等一切收益归贫困户所有，每头基本畜年均增收650元，期满基本畜如数归还村“两委”，再进行滚动扶持，牧民俗称“不死铁牦牛”“金牦牛”。瓦切镇唐日村通过自筹16万元，政府扶持60万元成立唐日牦牛养殖合作社，主要从事鲜奶生产及奶制品加工，2015年该村将合作社进行转包，每年获得租金31万元，所得收入一部分用于贫困户帮扶，一部分用于村集体经济再发展，2014年以来共为贫困户反哺22.5万元，用于资助中高职贫困学生，以及购买重度疾病患者和贫困户的生活必需品及生产资料。

1.2.4.3　龙头企业推动，打造贫困群众持续增收稳定机制

按照“选一个产业、造一个龙头、建一套机制、入一笔资金、富一方牧民”的思路，以红原牦牛乳业公司为龙头，做大做强牦牛乳业产业；以红原更攀农牧民合作总社、国中食品公司等为龙头，大力发展畜副产品精深加工业。推行“龙头企业+合作社+经营大户”“合作总社+合作社+牧户”等合作模式，不仅有效解决了牧户资金、技术、市场风险等问题，促使企业支持和关心牧户的生产，也保证了贫困户增收渠道的可持续。2014年以来，红原牦牛乳业有限责任公司签约牧户6020户，涉售鲜乳合作社39个，年均收购鲜奶580余吨。公司优先收购贫困户鲜奶，并将贫困户售奶价格上涨10%，支付建档立卡贫困户奶款510余万元，户均6800余元；常年解决当地用工290人，其中建档立卡贫困户实现就业脱贫27人，年人均工资1.1万元。红原更攀农牧民专业合作总社引导全县34个农牧民专合组织“抱团发展”，并将全县建档立卡贫困户吸纳为社员，依托集体草场、政府扶贫资金和小额贷款入股及入社务工等方式，让贫困户获得红利和劳务收入。2017年，已解决70名建档立卡贫困户就业，预计贫困户获得保底红利120元/人/年。

1.2.4.4　转产创业驱动，拓宽草原牧户自我发展增收渠道

立足资源优势，坚持靶向施策，通过资源的有效整合和优化配置，改变牧户单一经济结构，提升创业能力，促使增收致富，同时减少从牧

人口、减轻草原承载压力、有效保护生态，实现人草畜平衡发展。

一是通过草原生态全域旅游，建立草场流转机制，将产业到户资金和小额贷款等产业扶持资金“因村施策、因户施法”，增强贫困群众自我发展的积极性，鼓励从事藏式手工艺、缝纫、餐饮、维修等特色产业，引导开办小商店、牧家乐、商贸旅游等第三产业服务业。贫困村下哈拉玛村依托月亮湾景区和国道G248线区位优势，大力发展家庭乡村旅游，扩建自驾游营地，拓展旅游产品发展空间，2017年已建成恭德林卡营地、菜鸟营地、旅游示范户六户，以及包括“兴旺”藏家乐在内的四户藏家乐等旅游项目，并依托吉祥天城城市综合体形成集游客集散、美食品尝、商业购物、娱乐演艺、文化体验等互为补充的优质景区，带动下哈拉玛村约940人从事牧家乐经营、旅游产品销售、乡村民宿、特色藏文化体验等涉旅服务，人均年增收可达1200元，建档立卡贫困群众75户237人全部受益。

二是将农牧民就业技能培训作为脱贫攻坚的重要途径，针对有能力、有意愿，缺少劳动技能、缺少就业门路、缺少创业信心、缺乏创业资金的贫困群众，结合本地产业，从藏式手工业、餐饮烹饪、旅游服务、畜牧种养等方面加大劳动技能培训、就业指导培训、就业典型案例宣讲和就业政策咨询。2016年，参加全县各类技能培训的281名建档立卡贫困户中，有176人走出牧场，转产转业，其中进入宾馆酒店打工103人、进入宇妥藏药等企业26人、从事维修等自主择业5人。

1.2.4.5 金融保险联动，保障产业扶贫资金安全收益

一是放大扶贫资金的“供氧”“造血”功能，有效发挥产业扶持基金和小额贷款在脱贫攻坚中“四两拨千斤”的作用，支持贫困户通过申请贴息贷款用于自主创业和入股企业、合作社等参与经营，保底分红。在深化脱贫攻坚“回头帮”、防返贫工作中，结合“万企帮万村”活动，采取政府引导、企业参与的方式，将藏区脱贫攻坚资金、小额贷款等产业扶持资金，通过贫困户作为股民入股的方式，入股芸谊、遛遛牛肉食品等良性企业，保底分红，既保障资金安全，又实现人均保底增收170元/年。

二是采取政府补贴的方式支持贫困群众参加生产资料保险，有效降低风险，保障收益。通过与中航安盟公司的合作，支持贫困户参加政策性牦牛保险，投保参保率达100%。5年来，对因灾、因病致牲畜死亡或受损的牧户，累计理赔12000余万元，有效降低了牧户的经济损失。同时，为保障畜牧业持续健康发展，积极探索牦牛、藏绵羊目标价格及农牧产品质量保险试点，把基本生产资料和畜牧产品纳入保险，最大限度地保护牧民收益。

1.3　甘孜藏族自治州精准扶贫实践①

拥有15.3万平方千米广袤大地的甘孜州，是全国14个集中连片特困地区之一和四川省脱贫攻坚“四大片区”的重要组成部分。甘孜州18个县（市）都是省级重点贫困县，占全省的20%；有贫困村1360个，占全州的50%；有建档立卡贫困人口19.74万人，占全州的17%。面临极其繁重的脱贫任务，甘孜州举全州之力推进脱贫攻坚战略，紧紧抓住高寒牧区精准扶贫，以基础扶贫为重点、产业扶贫为支撑、就业增收为核心，紧盯贫困村、贫困户、贫困人口，从一村一户的实际出发，精准落实、精准发力、精准施策，集中力量推动扶贫攻坚，取得了显著成效。据统计，脱贫攻坚战役打响以来，全州已有8212户33985人（省定任务28513人）脱贫、281个贫困村（省定213个村）退出。

1.3.1　交通先行，打通脱贫奔康的关口

基础设施改进是提升一个地区禀赋结构的重要途径，也是消除区域整体性贫困和实现区域发展的重要动力。甘孜州基础设施薄弱，特别是交通基础设施严重滞后于区域发展和贫困减缓的要求。在开展精准扶贫、精准脱贫中，甘孜州选择以交通基础设施建设为突破口。

“要致富，先修路。”交通一直是制约甘孜州经济社会发展的“瓶颈”。

---

① 资料来源：本部分是在甘孜州及各县提供的调研材料基础上形成的。诚挚感谢甘孜州扶贫移民局的大力支持。

为此，甘孜州委开出良方：大力实施“六大战略”，是践行“五大发展理念”“三大发展战略”，助推全州脱贫奔康和长治久安，确保全面建成小康社会的重要路径、载体和抓手。全州上下围绕“每年有新变化、三年上新台阶、五年有大变样”的目标，以“慢不得”的紧迫感、“坐不住”的责任感、“放不下”的使命感，以踏石留印、抓铁有痕的劲头抓好脱贫攻坚，确保小康路上不落下一户、一人。

德格县，一个比较特殊的区域，317国道必经之地，山高、路陡，高寒、缺氧，通往县城还需翻越生命禁区雀儿山（海拔5050米）。全县面积宽，辖26个乡镇，最远的乡镇离县城300多千米，贫困程度深，脱贫攻坚任务十分艰巨。2016年4月，德格县委、县政府凝聚全县智慧达成共识：大力实施交通先行战略。通过整合资源、打捆使用资金5亿元，德格人民用超常努力攻坚克难，于2016年底完成了全县所有乡村通路工程。村村通带来的是乡域、县域经济一体化程度的提高，交易成本的大幅下降，交易速度的大幅提升，由此开启了县域经济发展的新阶段。

1.3.2 整村推进，各级党政不负众望

甘孜州实施精准扶贫、精准脱贫工作以来，无论走进高山峡谷的村寨还是步入广袤的草原牧区，随处可见扶贫干部和第一书记走村入户的身影。按照中央、省委的相关要求，甘孜州各级党委、政府大力实施“五个一”工程，对1360个贫困村选派了1360名扶贫第一书记，要求扶贫干部进村入户，通过科学有效的程序把贫困人口精准识别出来，为推进脱贫攻坚工作打下坚实的基础。

色达县为做好精准识别工作，全县统一制订了建档立卡贫困户精准识别流程图，明确致贫原因参考选项，从农户申请、村民小组评议推荐、走访调查到民主评议、公开公示、镇党委会评议审核等全过程都详细制定操作规程和规范性文件，确保精准扶贫工作对象精准、目标精准、内容精准、方式精准。与此同时，各县（市）党委充分运用第一书记蹲点工作成果，按照州委“做强县城、做优乡镇、做美村寨”的要求，精心谋划、超前布局、创新思路，为全面脱贫打下了坚实的基础。嘎绒拥忠说：“我们

不但要高质量地完成脱贫攻坚任务，还要创新，大胆探索，争取不让一个村掉队，争取用4—5年时间，把全县120个行政村全部打造成和谐美丽的幸福新农（牧）村！”

泸定县强化“金融+精准扶贫”，努力谋划脱贫奔康。全县积极开展金融扶贫工作，开展贫困户建档、评级授信工作，优化扶贫小额信贷流程、完善风险防控机制。2016年底，已完成600余户贫困户评级授信工作，累计发放小额贷款1480万元。与雅安市商业银行签订了《金融扶贫开发合作协议》，为县内两家龙头企业发放金融扶贫贷款1400万元；创新探索“政府+银行+保险公司+实力企业+贫困户”金融支持精准扶贫模式，实行“贫困户贷款、带资入股、就业分红”，拓宽了贫困户增收的门路。

截至2016年底，甘孜州已经完成280个脱贫村整村推进工作，超额完成了省定213个贫困村的脱贫任务，受益群众达33985人。

1.3.3　产业富民，让贫困群众早日脱贫

产业扶贫是精准扶贫的核心，只有明确产业、培育产业、提升产业、聚焦产业，才能使贫困户早日脱贫。素有“千碉之国”美誉的丹巴县梭坡乡宋达村山高路陡、土地贫瘠，贫困程度深，脱贫致富能力弱，村民们靠种植传统农作物为生，贫困户占半数以上，脱贫攻坚压力大。为此，丹巴县狠抓落实，除结对认亲干部主动结对帮扶外，县乡帮扶工作队还着眼全局，与结对认亲干部共同寻找立村之业，拓宽致富之路，最终提出“旅游兴村”思路。如今，宋达村乘着脱贫攻坚的东风，村容村貌焕然一新，通村路硬化到家门口，村里组建了旅游管理机构，古碉楼观景台修葺一新，村民纷纷建起了民居客栈。旅游设施软硬件的改变吸引了八方宾客，村民的钱袋子一天天鼓了起来，农牧民脸上洋溢着灿烂的笑容。

精准扶贫摒弃过去政府是“救世主”的思想，让资金跟着贫困户走，贫困户跟着能人走，能人跟着产业走，产业项目跟着市场走。甘孜州把发展壮大村级集体经济与“脱贫攻坚”“整村推进”相结合，坚持因地制宜、分类指导的原则，大力开展产业扶贫，进一步拓宽农民致富渠道，实现由“输血”向“造血”转变。

据了解，甘孜州依托地缘、资源和产业等优势，积极发展村级集体经济，引导农民调整产业结构，实施大棚蔬菜种植、畜牧养殖、林业基地建设、乡村旅游发展等项目，以合作社为龙头带动各村的产业发展，切实带动了农户增收。

如今，甘孜州按照东路、南路、北路经济发展类型特点，分区域扶持产业发展，取得了明显成效：在康定、泸定等东路市县组织精准贫困户大力发展羊肚菌、核桃、苹果、旅游等产业；在雅江、理塘、稻城等南路各县重点发展藏香猪、藏鸡、松茸、旅游等产业；在色达、石渠等北路诸县重点发展牦牛、绵羊、野生菌、畜牧产品深加工等产业。

2017年，甘孜州在巩固2016年首胜成果的同时，按照州委第十一次党代会提出的脱贫目标，自加压力、攻坚克难，全力完成1个贫困县摘帽，366个贫困村退出和11718户48525人脱贫的目标。

1.3.4 社会扶贫，扶贫格局不断优化

一是定点帮扶力度日趋加大。4家中央国家机关（央企）帮扶甘孜州5个扶贫开发重点县，2017年中央国家机关（央企）对口支援项目达到12个，总协议资金8469.9万元，已到位资金1057万元，开工建设项目4个，已完成总投资1057万元。广东省对口支援当年项目达到32个，总协议资金14943万元，已到位资金14943万元，开工建设项目19个，2017年已完成总投资10945.5万元。截至2017年，全省计划外捐赠物资、经费折合约1018万元开展自主支援。省直机关（川企）帮扶落实了6名省级领导及53个省直部门联系指导甘孜州18个县、19个贫困村的精准扶贫工作，对口支援项目达到180个，总协议资金40843.83万元，已到位资金34477.19万元，开工建设102个，已完成总投资14219.33万元。州、县两级的定点扶贫共有43位州级领导、87个州级部门的183个州级机关党支部分别联系指导1个贫困村，15家驻州金融机构分别结对帮扶1~3个贫困村。各县（市）也完善了定点扶贫工作。省内对口支援帮扶明确成都市所属的15个县（区）及宜宾市、泸州市对口帮扶全州18个县。2017年省内对口支援项目达到178个，总协议资金118978万元，已到位资金32606万元，开工建设项目169个，已完成

总投资41302万元。19所省内高校对接帮扶全州18个县的扶贫工作，各校已先后派工作组到县调研、制订帮扶计划。

二是社会帮扶力量逐步汇聚。制定了《甘孜州2015年“爱心慈善日”和“扶贫日”募集资金使用建议方案》，安排了2016年“10·17”扶贫日捐赠资金440万元开展医疗专项扶贫救助，安排了1015万元实施驻村“第一书记”产业扶贫项目，安排了150万元开展贫困大学生专项扶贫救助。认真组织2016年“10·17”扶贫日活动，评选了甘孜州10大扶贫好人和10大扶贫爱心组织，并举行以“决战贫困 · 圆满小康”为主题的甘孜扶贫日活动，共募集捐赠资金1555.2385万元。成都市援助甘孜州1000万元，推广青稞自动化烘炒系统，2017年首批50台设备正在安装调试，第二批50台炒货机已经进入公示采购阶段。

三是媒体网络引导力度加大。进一步提升和完善了“四川爱心扶贫网”功能，按照每县至少完成5个贫困村、30户贫困户信息录入的要求，督促各县加快完善信息库，引导社会各界对贫困村、贫困户开展点对点精准帮扶。会同康巴卫视推出“藏区公益帮扶平台”栏目，充分展示甘孜州扶贫工作情况，及时发布扶贫对象帮扶需求，介绍各类产业扶贫项目发展现状，引导社会各界参与帮扶。建立了甘孜州扶贫和移民工作局网站，设置了甘孜州爱心帮扶公益平台专栏，定期发布、更新扶贫对象的帮扶需求及定点扶贫、社会各界爱心动态、善款募集和使用情况等信息。

1.4　凉山彝族自治州精准扶贫实践

凉山彝族自治州是我国主要的深度贫困地区。全州17县市中11个民族聚居县均为国家扶贫开发工作重点县，占全省总数的1/3。集中连片贫困地区4.16万平方千米，占全州总面积的68.9%。尚有贫困村1618个，其中166个属极度贫困村，贫困人口52.88万人，贫困发生率为11.9%。凉山州贫困属于综合的、原始的、深度的贫困，是全国贫困问题最突出、致贫原因最复杂、脱贫任务最繁重的地区。

扶贫攻坚是凉山州最为艰巨繁重的工作任务。在新一轮扶贫攻坚战中，凉山州委、州政府立足州情，自力更生，“坚决实施精准扶贫、精准脱贫、同步小康，决不让贫困地区和贫困群众掉队”，取得了明显的实效。

1.4.1 “一村一幼”断“穷根”，阻断贫困代际传递①

凉山州大力实施“一村一幼”计划，着力帮助彝区孩子“过好语言关、养成好习惯”，阻断贫困代际传递。截至2017年，凉山州开办“一村一幼”村级幼教点3070个，设立教学班3893个，选聘辅导员7647名，惠及幼儿11.52万人。

科学规划，周密统筹“一村一幼”发展。先后多次召开全州学前教育工作会议，制定出台《关于加快发展学前教育的实施意见》，按照“分级负责、分年实施”原则，先行在彝区10县具备条件的村率先启动“一村一幼”计划试点，随后在全州17个县市推开，避免“一窝蜂”盲目开办。州县教育、财政、人社等职能部门紧密配合，县市、乡镇、村层层落实责任，细化实施方案和管理制度，明确目标任务、政策措施、布点规划、推进步骤，州县两级加强督查考核，确保“一村一幼”有力有序推进。

加大投入，强化“一村一幼”资金保障。一是从2016年春季学期起，减免包括“一村一幼”的幼儿在内的在园幼儿学前三年保教费，每生每年补助700元。二是2017年起省委决定在民族自治地区全面实行学前双语教育，按平均每村2名双语辅导员、每人每月2000元计算，给予劳务报酬方面的经费补助。三是从2017年春季学期起，对彝区10县、木里藏族自治县农村含“一村一幼”幼儿在内的在园幼儿实行每人每天3元的生活补助，全年按200天计算。四是优化财政支出结构，盘活存量资金，仅2016年，各级投入凉山学前教育发展资金5.01亿元，其中县市级财政投入“一村一幼”资金2.6亿元，用于“一村一幼”校舍维修改造、购置桌椅和教学用具等基础设施投入。

整合资源，夯实“一村一幼”基础建设。遵循因地制宜原则，充分整合利用富余公共资源，通过改造村委会活动室、彝家新寨活动场所、村小

---

① 感谢凉山州扶贫和移民工作局对调研的支持。本节是在凉山州扶贫和移民工作局提供的材料基础上整理而成。

闲置校舍、租用民房等，在全州尚未覆盖学前教育资源的行政村和人口较多、居住集中的自然村设立幼教点。每村设一个点，每个点开设1个或多个混龄班，每个班容纳30名左右适龄幼儿，配备2名辅导员。制定《凉山州村级幼教点基本设施设备参考目录》(以下简称《目录》)，要求各县市按照《目录》配齐基础设施设备。截至2017年，全州共开办村级幼教点3070个，其中利用村级活动场所开办1100个，彝家新寨活动场所开办109个，学校空余校舍开办651个，闲置村小校舍开办555个，租用民房开办418个，新建237个，覆盖3082个村。

结合实际，自主开发编写地方教材。成立"一村一幼"辅导员用书编委会，组织州内学前教育专家、幼儿园园长、骨干教师编写汉文版与彝文版的《凉山州"一村一幼"辅导员用书》(春季学期、秋季学期)，各发行2.8万册、1.6万册，配套挂图、光碟各6500套，为开展学前双语教育提供了民族特色浓郁、可操作性较强的本土教材。组织编写彝汉双语《"一村一幼"乖娃娃标准》，突出知识性、趣味性、实用性和可操作性，符合凉山州实际、富有时代气息，引导儿童开展双语会话训练，培育健康文明良好习惯。民族聚居县和安宁河6县市民族聚居乡镇，共选聘兼懂彝（藏）汉双语辅导员5444名。

强化队伍，注重抓好辅导员培训。出台《凉山州村级幼教点辅导员聘用条件和程序》《凉山州"一村一幼"学前教育辅导员培训方案（试行）》，对村级幼教点辅导员学历、普通话等级、年龄等条件作出明确规定。坚持先培训、后上岗，按照分类培训、分级实施的原则，采取州级培训骨干、县级全员培训和集中面训、幼儿园实训相结合等方式，大力开展辅导员培训，使辅导员基本掌握幼儿教育教学基本规范、幼儿一日活动流程和常规管理策略。2017年，凉山州共选聘和培训7647名辅导员，其中，本科学历人员为0.03%，专科学历人员为49.3%，高中学历人员为39.7%，高中学历以下人员为10.9%。编印辅导员工作手册2万册，做到辅导员人手一册，深入学习，同时县级教研部门、公办幼儿园、乡镇中心校采取培训学习、送教下乡等方式，承担对当地村级幼教点的指导任务。

完善机制，切实加强幼教点管理。出台《凉山州学前教育村级幼儿教学点管理办法》《凉山州村级幼教点辅导员岗位职责》《村级幼教点教育教学工作制度》《村级幼教点安全工作制度》《凉山州村级幼教点资产管理制度》等10个办法和制度，全方位加强幼教点日常教育教学管理，确保幼教点管理规范。幼儿每天在幼教点时间不少于6小时，并对有条件的幼教点提供午餐。2017年，在开办的3070个幼教点中，对1204个幼教点提供幼儿午餐，其中幼教点食堂供餐186个，中心校或村小食堂供餐299个，蛋奶模式465个，家庭自主供餐、基金会资助供餐等254个。

按需配置，实施煤炉供暖工程。为确保高寒山区幼儿温暖过冬，学习借鉴甘肃省武山县中小学校冬季煤炉取暖的经验做法，将海拔2000米以上的村级幼教点纳入高寒山区学校煤炉供暖工程，全年有80天实施冬季供暖，使用煤炉供暖的校舍室温在通风情况下可达20℃左右。2017年，州财政落实资金186万元，为凉山州高寒山区村级幼教点1977间教室、1755间辅导员办公室安装供暖煤炉3732个，确保“一村一幼”师生温暖过冬。

1.4.2 盐源县精准扶贫实践①

盐源县位于青藏高原东南边缘、凉山州西南部，是一个少数民族聚居的国家扶贫工作重点县，已有2000多年建制历史，全县面积8412平方千米，有彝族、汉族、蒙古族、藏族等14个常住民族，辖31个乡镇、252个村（社区），总人口38万人，有贫困村122个（其中极度贫困村7个），建档立卡贫困人口66341人。截至2017年底，已经有75个贫困村退出、40236人脱贫，贫困发生率从18.4%下降到7.2%，2018年拟退出30个村，减贫3568户15535人，2019年计划实现脱贫摘帽。

脱贫攻坚工作是当前一项重大工作任务，是第一民生工程，盐源县紧跟四川省、凉山州战略部署，紧紧围绕“两不愁、三保障”“四个好”目标，举全县之力，深入推进精准扶贫、精准脱贫，县内贫困人口大幅减少、贫困村基础设施大幅改善，脱贫攻坚取得阶段性胜利，脱贫攻坚各项工作有序推进。

---

① 本部分是在盐源县调研材料基础上形成的。诚挚感谢盐源县扶贫移民局的大力支持。

1.4.2.1　聚焦"不愁吃、不愁穿"，着力推进产业扶贫

一是全力推进产业发展。全面落实各项扶持补助政策，引导群众大力发展以核桃为重点的"1+X"生态产业，2017年全县已种植的114.7万亩核桃、59.8万亩花椒、37.6万亩苹果，2018年持续整合产业发展资金3000余万元，新种植花椒9.2万亩，种植改良核桃8.4万亩，实现贫困户户均种植经济林木达6亩以上，群众脱贫基础不断夯实。二是全力做好"五件实事"。为每户建卡户送20~50只鸡，为山区建卡户送5只羔羊或1头母猪，2017年累计发放鸡苗20万只、仔猪2万余头、羔羊1万余只。同时全力推进"以购代捐"，组织干部职工购买4963户贫困户的农特产品，涉及资金147万余元，畜牧产业不断巩固壮大。三是大力发展农村电子商务。以电子商务进农村综合示范项目建设为契机，投入3300万元，建成乡级服务站27个、村级服务点108个，累计开展电子商务业务培训40余场6000余人次，2017年盐源县实现电商交易总额5亿元，其中贫困户农产品电商销售额达388万元，带动贫困群众大幅增收。四是大力实施新型农民素质提升工程。按照贫困户培训需求，分期、分阶段对贫困户进行全覆盖培训，不断增强其就业能力，同时对接泸州市江阳区、广东省佛山市，促进贫困户就业。2017年已开展培训2期，培训4396人，组织130余人到泸州市江阳区就业。五是全面巩固提升村级集体经济。全面落实到位4900余万元村集体经济发展资金，依托农业基础、旅游产业等优势资源，坚持"村两委主导、合作社主体"模式，在122个贫困村全覆盖建立村集体经济，通过党员能人帮、致富能手带等方式，不断促进集体经济发展壮大，全县122个贫困村集体经济已全部建立运行，全部实现收益达标。

1.4.2.2　聚焦贫困户住房安全有保障，着力推进住房建设

一是大力推进易地搬迁住房建设。推行"山上生产、山下居住"模式，投入2.8亿元，实施盐井、梅雨、金河三个易地扶贫搬迁集中安置点建设，2017年三个安置点房屋建设已完成，施工方正抢抓施工期，进行配套设施建设，将集中安置贫困群众2043户9066人。同时，完成2601户易地搬迁分散安置户住房建设，2018年启动1590户分散安置户住房建设，预计

2018年10月底前全面完工。二是大力推进彝家新寨住房建设。执行“政策补助+金融扶贫”模式，完成3134户贫困户彝家新寨住房建设，启动1866户彝家新寨住房建设项目，2017年659户贫困户房屋主体工程已全面完工，施工方正进行室内装修，其余贫困户住房建设有序推进，将于2018年10月前全面完工。三是全面开展空心砖住房调查。集中梳理排查全县贫困户空心砖住房情况，2017年已摸排出313户贫困户空心砖住房，已进行彝家新寨建住房建设项目覆盖，确保2018年底盐源县贫困群众安全住房全部达标。

1.4.2.3 聚焦贫困户义务教育有保障，着力推进教育扶贫

一是推进基础设施建设。加快县城城南幼儿园、盐中二校区、“一村一幼”等建设，加快“改薄”力度，继续推进教育事业均衡发展。2017年，盐源县建成“一村一幼”幼教点204个，入园幼儿6298人，学前教育入学率达85%。二是落实教育帮扶政策。贯彻“三免一补”“控辍保学”及“六长”责任制，深化免除贫困子女高中学费政策，为2606名高中贫困学生发放助学金521.2万元，实现建卡户适龄子女“应读尽读、应补尽补”。三是健全就业帮扶体系。实施彝区“9+3”免费职业教育，落实中职免学费、中职助学金政策，抓好彝区学生就业帮扶和升学指导，2017年县职业中学在校生达3610人。

1.4.2.4 聚焦贫困户基本医疗有保障，着力推进医疗扶持

一是着力提升新农合保障水平。全面清理未参合贫困人口，通过多次清理核对，贫困户贫困人口参合率已达100%。二是全面落实“十免四补助”“两保、三救助、三基金”等政策，对贫困群众就医实行“先诊疗、后结算”，实现贫困群众县内就医个人付费率低于4.7%。三是全面推进村卫生室建设。启动实施24个贫困村卫生室建设，2017年6个建设完成，其余将于2018年8月底前全面完工。

1.4.2.5 聚焦“四好”创建，着力推进移风易俗

2018年3月21日，召开全县“四好”创建工作推进会，印发《盐源县2018年“四好村”创建活动实施方案》《关于表彰“四好”家庭示范户的

通知》《关于在农村党员、村组干部中率先开展“四好”家庭创建工作的通知》等文件指导“四好”创建。大力推进农村环境综合整治和“三建四改五洗”工作。充分利用盐源电视台，以及手机短信、微信等媒介，不断强化感恩教育，着力营造遵纪守法、文明礼貌、诚实守信等良好风尚，推进“四个好”家庭创建与脱贫攻坚相互融合。扎实开展脱贫攻坚矛盾纠纷排查专项行动，疏通群众访求渠道，做好群众关于脱贫攻坚的解惑释疑工作。全覆盖建立农民夜校，搭好技术培训、政策讲解、信息发布等“七个功能”平台，带动群众转变观念、移风易俗。2017年评选出“四好村”41个、“四好家庭”12200户，党员、村组干部创建率达到60%。

1.4.2.6 聚焦贫困村“一低七有”，着力推进基础扶贫

坚持“两年任务一年完成”，结合各村基础设施建设现状，顺排工序、倒排工期、严格打表，确保2018年底122个贫困村基础设施全部达到退出标准。一是重点推进道路交通工程。投入2.9亿元，实施16个贫困村通村硬化路建设及7个通乡通畅工程，2017年2个贫困村通村硬化路、1个通乡通畅工程完工，其余项目将于2018年底全面完工。二是加快实施水利项目。投入2781.67万元，实施5个贫困村安全饮水及棉桠乡水窖建设等9个项目，2017年2个贫困村安全饮水建设完成，其余有序推进，预计2018年10月底前全面完工。三是加快村级活动场所建设。投入1655万元，实施24个贫困村支部活动室、卫生室、文化室建设，2017年6个建设完成，其余将于8月底前全面完工。四是加快实施网络宽带建设。投入4760万元，实施31个贫困村宽带建设，2017年已全部完工，县移动公司正抓紧建设基站，增强通信网络覆盖率。

1.4.3 雷波县精准扶贫实践①

雷波县地处凉山彝族自治州的东大门、金沙江下游北岸、四川省西南边缘，区域面积2932平方千米，海拔380~4076米，山地面积超过84%，山高坡陡谷深，悬崖峭壁路险，建设条件差、投入成本高。全县辖4个乡镇、

① 感谢雷波县委、县政府和县扶贫移民局对调研组的大力支持。

281个村、9个社区，人口26万人，其中以彝族为主体的少数民族占54%。由于历史、自然等原因，雷波县贫困量大、面宽、程度深，脱贫奔康任重道远，难度大。2014—2016年共精准识别建卡贫困村171个、贫困户16949户71152人，是国家扶贫开发工作重点县。

党中央发出打赢脱贫攻坚战动员令后，雷波县充分发扬党政苦抓、部门苦帮、干部苦拼、群众苦干的“四苦”精神，采取超常规举措和过硬办法，举全县之力强势推进精准脱贫工作，脱贫攻坚取得显著进展，2016年共脱贫31个村、1459户6022人，脱贫人数居凉山州第一。到2016年底，雷波县还有贫困村140个、贫困户11613户50753人，贫困发生率为21.3%。

雷波县脱贫攻坚工作坚持问题导向，精准发力，持续用力，唯此为大，以脱贫攻坚统领并统筹兼顾其他工作，用全局的意识定位脱贫攻坚，用战略的思维谋划脱贫攻坚，用务实的措施推动脱贫攻坚。

1.4.3.1 脱贫攻坚带来“五大变化”

——干部作风大转变。雷波县委探索建立差异化考核、绩效考核、实绩考核“三位一体”的综合考核机制，转变干部作风，激发干部活力。脱贫攻坚以前，全县开展了“庸懒散浮拖”专项整治活动，并采取措施整治干部“走读”现象。

——工作能力大提升。在脱贫攻坚战中，党员干部充分发扬“不等不靠、战天斗地”的精神，带头落实政策、发展致富、攻坚拔寨，落实结对帮扶。党员干部既学建筑技术，又学施工管理，有的还学种养殖技术。广大党员干部在脱贫攻坚主战场发挥了聪明才智，提升了自身能力。

——工作效率大提高。雷波县委、县政府强化党员干部在实干、纪律、服务方面的表率意识，加强教育管理，用工作效率和服务实效践行党章党规的要求。干部们2天的事情1天就干完，1周的事情3天就解决，极大地提高了工作效率和服务水平。

——干群关系大融洽。党员干部深入基层，带着感情去，带着政策去，带着目标去，带着措施去，把存在的困难和问题解决好。在易地扶贫搬迁集中安置点，党员干部和群众同吃同住同劳动，拉近了与群众之间的距离。

——城乡面貌大变化。积极探索、大胆创新，以“集中安置”为载体，努力打造幸福美丽新村，共整合搬迁资金8.9亿元，新建集中安置点67个，已安置3297户1.2万余人，实现最大限度地将易地扶贫搬迁政策普惠百姓，群众有很强的获得感和幸福感。

1.4.3.2 脱贫攻坚典型做法

——整合项目资金，推动易地扶贫搬迁集中安置工作。2016年雷波县易地扶贫搬迁工作得到省、州的肯定，雷波县始终坚持“能集中不分散”原则，按照“搬得出、稳得住、能致富”的要求，以土地增减挂钩为载体，全力改善群众生活条件，2017年共有安置点70个。其中，5~19户的20个，20~100户的40个，100户以上的10个。2017年，工作进展顺利。争取中央和省州资金2.76亿元，筹集“土地增减挂钩”节约资金2.7亿元，整合交通、彝家新寨、民生工程、生态建设资金1.9亿元，佛山对口帮扶资金1000万元，县级财政配套3300多万元和群众自筹2600多万元，共计约5.3亿元资金，集中投入易地扶贫搬迁。科学确定了村内、村外县内、县内及县外3种或分散或集中的安置方式、28种房屋户型、51档补助标准，由搬迁户自行选择，实现群众利益最大化。

——做好“万企帮万村”精准扶贫行动。2017年初，在省、州尚未启动“万企帮万村”活动之前，雷波县率先启动了“民营企业参与精准扶贫”行动，出台了《关于共同推进全县民营企业参与精准扶贫工作的意见》，并成立领导小组，本着企业自愿参与、量力而行、尽力而为、互惠互利、合作共赢的原则，找准“贫困村所需”“贫困户所盼”与“企业所长”的结合点，动员组织民营企业和商（协）会采取“1+1”或“1+N”方式，与贫困村结对定点帮扶，引导企业把自身转型发展与雷波社会经济发展和贫困群众脱贫致富结合起来，增强发展后劲，提高发展水平，并于2016年6月20日在四川省工商联会议室圆满召开了雷波县“万企帮万村”对接暨招商引资项目推介会。2017年，已有41家企业和商（协）会参与“万企帮万村”精准扶贫工作，共帮扶贫困村46个，已落实帮扶项目17个，到位资金1580余万元，达成意向资金34亿余元。

——提前谋划2018年脱贫攻坚工作。雷波县计划2018年拟退出的贫困村的自然条件相对恶劣，脱贫攻坚任务十分艰巨，为了确保2018年全县脱贫摘帽圆满收官，按照户“一超六有”、村“一低七有”的脱贫标准，提前谋划工作，重点提前启动工作难度较大、耗时较长的道路、综合体及不具备易地扶贫搬迁条件的贫困户住房建设等基础设施建设和产业发展。

1.4.3.3 脱贫攻坚坚持“四结合”

——坚持脱贫攻坚与县域经济发展相结合。按照“以县域经济发展带动扶贫开发，以扶贫开发促进县域经济发展”的要求，紧扣结构调整、提质增效和创新驱动三大主题，积极适应经济发展新常态，深入实施以核桃种植为主的“1+X”项目工程，深度开发绿色果蔬、畜牧养殖、地方工业、特色旅游、商贸物流五大产业，积极培育各类产业合作社、农业产业化龙头企业、家庭农场等新型市场主体，全面提升县域经济实力，实现了扶贫开发和县域经济发展良性互动。

——坚持脱贫攻坚与新型城镇化建设相结合。用活国土增减挂钩政策，全县土地增减挂钩项目节余指标1694亩，获得出让金4.99亿元。积极推进易地扶贫搬迁工程，2017年计划实施易地搬迁1700户7140人，新建20户以上集中安置点16个，计划投入资金2.7亿元，2017年，集中安置点住房建设已全面开工；引导有条件、有意愿的贫困群众在中心村镇落户定居和集中安置，协调解决好搬迁安置过程中的土地调整变更、土地承包经营权、房屋产权、户口迁移、子女入学等问题，解决好搬迁后的基础配套、公共服务、产业发展等方面的问题，全面落实相关优惠政策和支持措施，妥善处理好搬迁群众和迁入地原住户之间的关系，确保搬得出、稳得住、能致富。

——坚持脱贫攻坚与生态文明建设相结合。把生态文明建设作为推进扶贫开发的红线，精心实施新一轮退耕还林、道路林网、小流域综合治理等项目，抓好生态绿化示范村建设，巩固贫困乡村生态文明建设成果；把生态补偿机制作为提升贫困乡村生态文明建设水平的重要手段，建立完善区域性生态补偿机制，严格兑付各项补偿政策，实现生态文明建设与扶贫开发相互支撑、相互促进。

——坚持脱贫攻坚与社会扶贫相结合。把社会扶贫作为脱贫攻坚的重要载体和抓手，充分发挥中央纪委、三峡集团公司、成达公司、广东佛山、宜宾市翠屏区等单位对口支援和43家企业商会在政策、项目、资金方面的优势，帮助联系贫困村做好基础设施建设、富民产业培育、技术培训等工作，为贫困群众脱贫致富提供保障。加大内引外联力度，积极争取民营企业、个体工商业者、社会组织、爱心人士与贫困村结对帮扶，壮大帮扶力量，促进社会扶贫在脱贫攻坚工作中发挥更大的效应。

1.5　马边彝族自治县精准扶贫实践

马边地处四川省乐山市、宜宾市、凉山州接合部，行政区域面积2304平方千米，辖20个乡镇，9个社区114个村，少数民族30个，总人口22万人，其中彝族占47.51%，农业人口占77%。1984年成立彝族自治县，是国家扶贫开发工作重点县、大小凉山综合扶贫开发县、乌蒙山片区区域扶贫开发县、四川省深度贫困县。2016年马边农村贫困发生率为13.74%，2017年为10.46%。

2016年以来，乐山市马边县紧紧围绕“用途不变、渠道不变、集中投入、形成合力”的原则，建立产业扶持、扶贫小额信贷分险、教育扶贫救助、卫生扶贫救助“四项扶贫基金”。2017年，“四项扶贫基金”总量达到9173.87万元，其中，教育扶贫救助基金500万元，产业扶持基金5023.87万元，卫生扶贫救助基金500万元，扶贫小额信贷分险基金3150万元。通过“四项扶贫基金”打造六大利益机制，“五大奋进激励”计划，实施民政、教育、卫生兜底政策，全力推进“四项扶贫基金”政策落地见效。①

① 本部分是在马边县调研材料基础上形成的。诚挚感谢马边县扶贫移民局的大力支持。

1.5.1 建立六大利益机制

以“乡乡都有产业园、村村都有合作社、村村都有致富路”为目标，创新产业发展思路，通过参股经营、合作联办、返包倒租、注资参股、借养还养、自建代养六大产业模式，实现“资金变资本、资源变资产、农民变股民”，助推产业发展，带动群众增收，促进稳定脱贫。

一是参股经营，借鸡生蛋。整合集体经济和贫困户产业发展资金等，参股已建成项目的经营环节，企业承诺在参股资金保底分红的前提下，将每年经营性收入纯利润按股权量化给村集体和贫困户，实现集体经济和贫困户持续增收，带动脱贫奔康。例如，在劳动乡柏香村，将村集体经济资金和134户贫困户产业发展资金共100万元入股到楠峰休闲山庄进行参股经营，双方签订入股分红合同，山庄按照入股金的5%进行保底分红，将每年经营性收入利润的16%分红给村集体和134户贫困户，2017年预计分红9.5万元。

二是合作联办，公司运营。整合贫困村集体经济和贫困户产业发展资金，成立集体公司，与有实力的企业合资建立产业扶贫公司，发展壮大产业扶贫项目。如下溪镇6个村404户贫困户，利用产业发展资金242.4万元和财政扶贫贫困村集体经济资金204.9万元，共计447.3万元，成立下溪镇金共农业开发公司（以下称“乙方”），与青山莲农业科技开发有限公司（以下称“甲方”）共同筹集资金1070.3万元，成立青山莲山羊养殖产业扶贫有限公司。前两年，在公司发展壮大和投入期，公司承诺按乙方投入资金的5%在年底向乙方（村集体、贫困户）支付保底分红；两年期满以后根据公司的实际效益按协议股权比例（村集体、贫困户占股40%）在每年底分配利润。预计两年后，村集体和贫困户年收益不低于40万元。

三是返包倒租，勤劳致富。整合帮扶资金、小额信贷等各类产业扶贫资金，推行“村支部+合作社+基地+贫困户”模式，与有实力的专业合作社合作，建成产业基地，村集体、贫困户、合作社按协议分红。同时，合作社免费将部分基地分块租（委托）给贫困户管理，免费提供技术和物资，并按市场价回收全部鲜果，以产量衡量分成，产量越高农户分成越多，切实提高贫困户的积极性和责任心。例如，整合峨眉山市对口帮扶资金、扶贫小额信贷等产业扶贫资金200余万元，在建设乡高石头村、下溪镇珍珠桥村开展试点，与马边石丈空猕猴桃专业合作社合作，建成猕猴桃基地750余亩，村集体、66户贫困户、合作社分别按21%、33%、46%占股分红。2017年，已投产178亩，产值200余万元；村集体将实现42万元收入，66户贫困户户均将实现1万元收入。另外的750亩基地中，有300余亩返包倒租给75户贫困户，贫困户每年从合作社获得16.7%的股权收益。

四是注资参股，入股分红。整合村集体经济和贫困户产业发展资金300万元，注资参股到马边绿康农业开发有限公司，连片发展白竹项目，在白竹采摘环节入股分红，占公司已建成1万余亩白竹基地采收环节利益部分股份的20%，在保底5%的基础上长期占股分红。2017年，已在民主乡1万亩基地合作模式基础上，扩展到老河坝乡、袁家溪乡、镇江庙乡等乡镇，2017年基地扩展到2万亩左右。

五是借养还养，循环发展。设立勤劳致富周转金，按每村20万元下达给全县95个贫困村共计1900万元，用于解决贫困户产业发展短期项目缺资金问题。有发展项目和发展意愿的贫困户，可通过申请，经审核、公示等程序，借资发展短平快的产业项目，产生效益后归还本金，做到有借有还，循环利用。2017年已在全县推广，申请借养还养模式的农户已达597户248.6万元。例如，石梁乡永和村一组贫困户付开银想发展肉兔养殖，由于缺少资金，养殖规模一直很小，通过向村里申请借款1.2万元作为发展产业的周转金，其养殖的肉兔规模由以前的40只发展到200只，实现新增收益1万元。

六是自建代养，激励奋进。依托四川巨星集团有限公司优质生猪产业扶贫项目，采取“公司+合作社+贫困户”商品猪寄养精准脱贫模式，由公司免费提供猪苗、饲料、兽药、技术服务、养殖管理、物流运输和商品猪回收服务，贫困户只需提供标准圈舍、生产工具和劳动力，按标准化规程进行养殖，凭生产成绩获得劳动报酬，实现零风险。该项目计划5年内投入3.5亿元，建设种猪场、饲料场、肉联厂、生物肥料场等，并带动全县有发展意愿的老百姓建设一系列合作社，建设约300个现代环保节约型代养场。2017年建设5000~10000头母猪种场、10~15个标准示范生态养殖寄养场，5年内以村集体和贫困户打捆联建形成年出栏1000头的商品猪寄养场300个，实现年出栏优质生猪30万头，养殖直接带动每个寄养场实现年收入15万~20万元。

1.5.2 创新“五大奋进激励”计划

一是青少年教育促进计划。为提升青少年的受教育水平，降低义务教育阶段的辍学率，提高家长对子女教育的重视程度，2015年开始在民建镇、荣丁镇、烟峰镇等16所小学开展教育促进计划工作，对贫困家庭设立助学奖，贫困家庭无辍学子女的，每学期出勤率、学习成绩达到教学要求的，每户给予200~800元奖励；对任课教师设立教学优秀奖、教学进步奖、教学合格奖，根据本班成绩给予一定的奖励。2017年，已开展两轮青少年教育促进计划工作，覆盖30所小学，5700余名学生，获激励师生累计1460人，发放奖励23.5万元。试点学生综合成绩上升13%，无辍学情况发生。

二是劳动收入奖励计划。为进一步增强贫困群众脱贫主观能动性，激发贫困群众脱贫攻坚的内生动力，马边县在劳动乡柏香村、沙腔乡干田坝村开展劳动收入奖励计划试点，对参与家庭种植业、养殖业和非农劳动性收入分别按市场价的6%~10%进行奖励，每季度奖励1次，2017年已有211户贫困户加入该计划，据初步估算，加入的贫困户通过劳动得到的奖励金户均将增加收入2000~4000元/年。

三是妇女儿童健康促进计划。为有力促进基本公共卫生妇幼保健服务均等化，组织全县妇女儿童参加贫困人口免费健康体检，0~6岁和65岁以上贫困人口按照基本公共卫生服务项目每年进行一次健康体检，7~64岁人群在脱贫期间每年免费进行一次健康体检，严格执行“十免四补助”政策，贫困孕产妇县域内住院分娩全报销。2017年全县免费健康体检13592人次。贫困户孕产妇县域内住院分娩133人次，报销金额15.94万元。

四是文明新风奖励计划。为推动“四好村”建设，9959户41367人建档立卡贫困人口全覆盖开展文明新风奖励计划，每年在五星家庭户、五好文明家庭、移风易俗示范户、脱贫示范户等示范家庭中，在每个村评选出

10户积极参加健康文明新生活、未大操大办婚丧嫁娶、未与街坊四邻打架斗殴、未参加邪教组织、没有与文明新生活和村规民约相抵触行为的文明新风示范户，每户按500元进行奖励，2017年已评选出51个贫困村510个文明新风示范户，发放奖励25.5万元。

五是脱贫堡垒奖励计划。结合平时考核和年终考核，在全县95个贫困村中开展基层党组织评选活动，每年推荐表扬20个班子队伍好、工作作风实、工作成效佳、群众评价高的基层党组织，按每个村5000元标准进行奖励。

1.5.3　落实“三大”兜底政策

一是民政兜底。按照3300元/年的标准，提前实现8000名低保人口“两线合一”；加大深度贫困人员集中供养和分散供养力度，按时足额发放农村特困人员供养金296万元，供养农村特困人员726名；发放困难残疾人生活补贴73.66万元，发放城乡居民养老保险5.6万元。县财政投入资金485万元，全覆盖为41367名贫困群众购买2017年城乡居民医疗保险、小额意外保险。

二是教育兜底。聚焦全县9959户建档立卡贫困户，41367人贫困人口，5654名学生，确保2016年1222名已脱贫学生无因贫辍学的情况发生，重点完成2017年预脱贫1941户建档立卡家庭子女“控辍保学”工作，积极劝返计划脱贫家庭辍学学生67名，幼儿入园率、义务教育巩固率分别达到92%、98.5%以上；巩固十五年免费教育，落实3896万元，实施学前教育减免保教费、义务教育阶段减免学生学杂费和教科书本费、补助寄宿制学生生活费、营养改善计划等。

三是医疗兜底。强化公共医疗服务体系建设，试行县域内公立医院救治“先诊疗、后结算”“一站式服务”，大力实施贫困群众医疗救助扶持行动，截至2017年，全县免收贫困群众一般门诊诊疗费5210人（次）、2.5万元；免收贫困群众住院费用2751人次、396.6万元；县域内贫困人口自费支出控制在10%以内。

1.6 结论与政策建议

1.6.1 结论

——扶贫开发与基层党建“双推进”。“让贫困人口和贫困地区同全国一道进入全面小康社会是我们党的庄严承诺。要动员全党全国全社会力量，坚持精准扶贫、精准脱贫，坚持中央统筹省负总责市县抓落实的工作机制，强化党政一把手负总责的责任制……”在精准扶贫、精准脱贫工作中，各地区把党的建设与扶贫开发有机结合，充分发挥基层党组织的战斗堡垒和党员干部的先锋模范作用，实现扶贫开发与基层党建“双推进”。在精准扶贫、精准脱贫的各个环节，例如，在产业扶贫中，有的地区提出：“支部建在产业（链）上，党员聚在产业（链）上，农民富在产业（链）上。”

——以规划引领描绘脱贫蓝图。贫困治理的正外部性很强，政府的适时恰当干预是减贫的充分必要条件。政府干预的重要方式就是通过规划引领，上至中央政府下至贫困县，均编制了脱贫攻坚的相关规划及贫困村、贫困户退出方案。这些规划和方案基于区域禀赋和2020年时间节点，总体上是切实可行的。

——区域发展与脱贫攻坚相结合。四川民族地区的贫困是区域性、整体性的，发展不充分和发展不平衡问题突出。因此，在精准扶贫、精准脱贫中，各地区把区域发展与脱贫攻坚进行了结合。

——基础设施：禀赋结构提升。四川民族地区特殊的地理环境，决定了地理第一性成为区域整体性贫困的重要因素。对于地理不利导致的“空间贫困陷阱”，最重要的是通过基础设施建设，特别是联系区际、区内各地交通设施的建设，提升禀赋结构，从而提升产业结构，达到脱贫奔康的目标。

——产业扶贫：打好产业、创业、就业“组合拳”。产业发展是贫困人口持续稳定增收的动力和支撑。各地区紧盯帮助贫困群众增收脱贫这一核心任务，用足用活稳定就业创业这个最直接的帮扶手段，坚持“扶智”与“扶志”并重，“授鱼”与“授渔”结合，打好“示范基地、社区工厂、劳务品牌、返乡创业、公益岗位”五项组合拳，唱响就业创业扶贫的协奏曲，为打赢扶贫攻坚战提供了有力支撑。

全域旅游、民族文化产业与精准扶贫相结合。全国经济发展到现阶段，四川民族地区独特的禀赋结构使其旅游、康养和生态价值大幅提升。通过恰当的规划和发展，这些产业的发展能够同时具有环境友好和益贫的效应。

——扶贫与扶志、扶智相结合：教育发展阻断贫困代际传递。研究表明，一个地区人民的早期教育对其后期的发展具有重要影响，而职业技术教育对当期的发展至关重要。[①] 四川省政府和四川民族地区各级政府已充分认识到教育发展在贫困治理中的作用。例如，《四川教育脱贫攻坚（2017—2020年）实施方案》指出，在民族地区，继续实施十五年免费教育计划，全面免除民族自治地方51个县（市）公办幼儿园三年保教费和公办普通高中三年学费，并为所有普通高中在校学生免费提供教科书。到2020年，民族自治地方基本普及学前两年教育，学前三年毛入学率达80%；普及高中阶段教育，高中阶段毛入学率达90%。

——“互联网+精准扶贫”。“互联网+精准扶贫”是基于互联网手段与扶贫工作有效融合的一种创新机制，能够低成本、快速度、精准实现脱贫攻坚各相关主体的匹配，特别是扶贫对象与帮扶主体之间的高效对接。基于互联网建立的中国社会扶贫网是扶贫对象和社会爱心之间沟通的桥梁，是扶贫对象发出扶贫需求、解决脱贫的手段，是社会扶贫组织者的工作载体，是社会扶贫参与者呈现自我价值的方式，是社会扶贫资源的汇聚创新途径，是未来面向贫困地区输出“互联网+社会扶贫”信息服务专家的摇篮。

---

① Stephen Machin, Sandra McNally .Education and child poverty: A literature review [DB/OL]. https: //www.jrf.org.uk/report/education-and-child-poverty-literature-review.

1.6.2 完善四川民族地区精准扶贫的政策建议

1.6.2.1 关于区域发展方面的建议

四川民族地区区域发展与精准扶贫同样重要，现阶段四川民族地区区域发展的主要任务是提升禀赋结构。以村组为例：

（1）不异地搬迁的村组，就地发展

全面实施村组脱贫攻坚基础设施三年大决战，到2020年实现公路、电力、水、通信网络“通组入户”，彻底改善深度贫困村组的基础设施状态。

四川民族地区村组基础设施建设投入要根据实际情况，因地制宜，不能依据省区平均水平搞一刀切。如修建公路，在平原修建一千米公路与在山区修建一千米公路所需费用相差巨大，不能把平原的标准套用在山区。

（2）切实提高农村幼儿教育、基础教育与职业教育水平

2017年，四川民族地区农村基础教育和职业教育硬件有了较大改善，但幼儿教育严重滞后，缺地方、缺设备、缺合格老师。即使是基础教育和职业教育，教育水平也不高，效果不佳。制约四川民族地区农村教育的主要因素在教师，当地教师的收入低，晋升难，导致师资力量薄弱。因此，切实提高四川民族地区教师工资福利待遇，使其超过所在省区城市教师平均工资水平的25%~30%，才能进得来、留得住、能干事。同时，对于高寒地区，必须完善外地教师回得去、能晋升的机制。

（3）产业发展的几个问题

产业发展对区域发展和减贫都很重要，从中央到地方政府的诸多重要文件对此均有强调，而且也是各地着力推进的重点。但是，要弄清楚产业发展的几个问题。

一是发展主体是政府还是企业？或者是政府包办代替还是农牧民自愿而为？实践证明，通过政府的正确引导，充分发挥企业和贫困人口的能动性和主体地位，是产业发展减贫效应的基础。

二是产业选择是供给导向还是需求导向？是农产品还是加工产品？产业发展和产业结构演变的一般规律是，要通过产业发展取得减贫的效果，产业发展必定是面向市场的，或者说是以市场为导向的，而市场是可

以设计、创造和开拓的（需要引入恰当的商业模式）；随着收入水平的提高，农业的比重（产值比重和就业比重）不断下降，非农产业的比重不断上升。

三是发展方式是规模至上还是私人定制？是专业化还是多样化？从理论上看，产业发展获得的净收益等于总收益减总成本，如果设π为净收益，TR为总收益，TC为总成本，P为产品价格，Q为产品数量，于是有

$$\pi = TR - TC = PQ - TC$$

给定总成本，简单推导得到，$d\pi / dQ = P(1+1/e)$；$d\pi / dP = Q(1+e)$。其中，e是产品的需求价格弹性，如果产品缺乏弹性，$|e| < 1$，$d\pi / dQ < 0$，而$d\pi / dP > 0$；如果产品富有弹性，$|e| > 1$，$d\pi / dQ > 0$，而$d\pi / dP < 0$。对于初级农产品，需求是缺乏弹性的，扩大规模会使价格下降幅度超过产量增加幅度，从而带来净收益减少（谷贱伤农，增产不增收）。因此，要通过发展农业达到持续减贫与发展的效果，要么稳定产量，从而稳定价格，而稳定产量的基本方法就是稳定播种面积；要么提高产品品质，或者延长产品链，稳定价格并有所提升，传统的追求规模至上的发展方式并不能持续减贫与促进发展。有的地区产业发展也搞一刀切，不尊重当地的自然规律和经济规律，片面强调规模面积，到头来受损的依然是贫困人口。

另外，消费者的需求（偏好）是多样化的，这种多样化既表现在产品种类的多样化，还表现在同种产品内的多样化，而且从土地利用来讲，多样化对于保持土地肥力和提高综合产出是有益的。总体来看，若要通过发展农业达到减贫与持续发展的效果，必须提升农产品的附加值，而私人定制和多样化是价值提升的重要手段。

四是民族文化产业是分散还是集聚？四川民族地区文化资源特别富集，具有发展民族文化产业的禀赋优势。要开发民族文化资源，发展民族文化产业，集聚（集群）发展是重要选择。例如，建立民族文化产业园，使民族文化载体得以集聚，促进产业化发展和民族文化传承与保护，这是因为产业的集聚发展会产生集聚效应，表现为共享基础设施和信息，各种文化资源互补和匹配及相互学习积累，产生溢出效应。

（4）易地搬迁异地发展的问题

有个别村组，由于自然环境极端恶劣，在2017年条件下移民搬迁是较好的选择，在移民搬迁过程中，应注意以下几个问题。

一是只搬贫困人口还是整村组搬迁。建议整村组搬迁，这样可以集中居住，集聚民族文化资源载体。

二是搬迁方式是集中居住还是分散居住。建议集中居住，形成聚落随后就是集镇，获得集聚效应［共享基础设施、技艺匹配、相互学习（溢出）］。

三是搬往何处。建议搬迁与景区建设相结合（搬往景区附近或者搬迁到能够形成旅游景区的地方）、与城镇化相结合（搬往建制镇，构成建制镇的常住居民，或者能够形成集聚的地方）、与特色小镇建设相结合，这样可以实现“挪穷窝”“断穷根”。

四是搬迁地的产业支撑。把民族文化融入异地搬迁实现产业化，发展民族文化和旅游产业等。

（5）区域发展的资金来源

根据资金来源和资金性质，进行整合和利用。如财政涉农资金整合利用，主要用于基础设施和公共服务项目；整合社会援助资金，主要用于公益性事业发展；设立四川民族地区脱贫攻坚与可持续发展投资基金，主要用于非公益性设施和经营性项目。

（6）集中均衡发展模式①

要引导经济活动向中心城镇集聚（工业园区/城镇），而基本公共服务产品的供给均等化，能够让各族人民享有基本均等的基本公共服务，共享经济社会发展成果。

1.6.2.2　关于完善精准扶贫政策方面的建议

（1）精准扶贫政策设计要考虑激励相容，可以考虑贫困家庭振兴计划（有条件转移支付计划）

劳动收入奖励计划，对贫困家庭的劳动所得给予补贴奖励，基本思想

① 郑长德. 中国少数民族地区包容性绿色发展研究[M]. 北京：中国经济出版社，2016：225.

是对低收入家庭的劳动所得给予一定的现金奖励。它能够结合社会救助与劳动激励，对具有劳动能力的家庭采取“以奖代补”的扶助形式，鼓励其通过增加劳动供给来提高家庭收入。

青少年教育促进计划，对贫困家庭子女学习成绩的提高予以奖励。对达到某一事先约定的学习目标（如学期出勤率、作业完成情况、学习成绩等）的学生及任课教师给予现金奖励。针对不同的学习目标设置不同的奖项（如学习进步奖、优秀作业奖、优秀学生奖等）。

智力扶贫工程，“治贫先治愚，扶贫先扶智”，弘扬正气，树文明新风，提升正能量。对五好家庭、好媳妇、好女婿、脱贫能手等，大加褒扬。

劳务输出工程，现阶段务工收入依然是大多数农村的主要收入来源，政府在这个方面的职责有两点：一是充当信息中介，连接供求双方，促进职能匹配；二是做好权益保障，切实保障本地外出务工人员的合法权益。

资产收益支持政策，通过林地、承包地及宅基地确权，盘活存量资产，实行农村资源变资产、资金变股金、农民变股东的“三变”改革。

征收炫耀（攀比）性消费税，抑制基于文化或传统制度因素所形成的婚丧嫁娶等红白喜事，以及节庆日的消费攀比和炫耀性消费（大操大办），同时加强文化建设，移风易俗。

（2）理解贫困群众行为逻辑，体现精准帮扶的因势利导和顺势而为[①]

部分贫困群众不主动作为，自我发展意愿不强，有其内在行为逻辑，只有理解“穷人的理性”，才能在帮扶措施上顺势而为。贫困群众属于风险厌恶者，对风险抵御能力极弱。因此，对于新的帮扶措施和产业选择，贫困群众往往选择等待，而非积极主动地参与。另外，对于收益周期相对较长的产业，贫困群众也往往会选择观望。因此，基于贫困群众风险规避的内在活力不足，有其内在的行为逻辑，相关帮扶措施可以强调非贫困户的示范效应，另外也可以通过保险产品的引入，降低贫困群众积极参与的风险。

---

① 单德朋. 四川深度贫困地区脱贫攻坚精准施策与大扶贫格局构建的思考[C]. 中国西部民族经济研究中心，2017.

（3）社会保障/保险

社会保障/保险的作用一是兜底，二是保障。保障又可以区分为公共性强的基本保障/保险和非公共性的商业保障/保险四个层次。

第一个层次是社会救助（面向特定人群，如残疾人、鳏寡孤独等），此类保障作为公共品理应由政府供给。

第二个层次是基本保障/保险（面向所有人），由政府、企业、个人共同出资，包括养老保险、失业保险、基本医疗保险等。

第三个层次是商业保障/保险，如大病医疗保险等，由商业企业（保险公司）提供，私人购买，或者对于贫困群体，可以由政府和个人共同出资，有了这类保障，不会出现因病致贫。

第四个层次是第三方救助，面向特定群体，由社会企业提供。

第2章　深度贫困地区稳定脱贫的特殊性与多维约束

伍艳①

摘　要　以阿坝州、甘孜州和凉山州为例，分析深度贫困地区稳定脱贫的特殊性，发现深度贫困地区贫困人口数量显著减少，贫困发生率降低。但贫困户人均收入上升缓慢，且收入结构不合理，转移性收入占比较高，而经营性收入和工资性收入占比较低，影响脱贫的稳定性和持续性。从稳定脱贫的约束机制来看，深度贫困地区主要面临产业发展约束、金融服务约束、市场约束、基础设施约束以及城镇化水平的制约。不仅产业发展水平低下，发展不平衡，而且城镇化水平较低，严重制约了农村人口向城镇转移以及贫困户务工收入的增加。加上金融机构网点少，大额农贷需求满足率较低，不利于新型农业经营主体的发展，具有极大的返贫风险。

关键词　深度贫困地区；稳定脱贫；产业发展约束；金融服务约束

2.1　问题的提出

世界银行（2009）的研究报告显示，中国持久性贫困已经大幅降低，中国农村贫困率从1981年的18.5%下降到2004年的2.8%。党的十九大报告指出："党的十八大以来，中国的6600多万贫困人口稳定脱贫，贫困发生率从10.2%下降到4%以下，五年年均减贫1300万人以上。"随着贫困率的

① 伍艳（1967— ），女，四川南充人，西南民族大学经济学院教授/中国西部民族经济研究中心研究员，硕士生导师，研究方向：区域金融与农村经济。

下降，深度贫困地区脱贫攻坚问题突出，不仅脱贫难度大，而且存在较为严重的返贫现象，稳定脱贫的有效性较差。课题组近3年在对四川省阿坝州进行脱贫攻坚第三方评估时，发现阿坝州的贫困户生计脆弱程度较高，退出贫困后存在返贫风险，近3年退出贫困的返贫率在8.5%左右，表明部分农户并没有实现稳定脱贫。

为此，中共中央政治局在《关于打赢脱贫攻坚战三年行动的指导意见》中指出，着力激发贫困人口内生动力，着力夯实贫困人口稳定脱贫基础，着力加强扶贫领域作风建设，切实提高贫困人口获得感。国务院颁布的《关于支持深度贫困地区脱贫攻坚的实施意见》明确指出，深度贫困地区涵盖西藏、四省藏区、南疆四地州和四川凉山州、云南怒江州、甘肃临夏州“三区三州”民族地区。据此，四川省将四川高原藏区、大小凉山彝区45个贫困县（甘孜州18个县、阿坝州13个县、凉山州11个县、乐山市3个县）作为深度贫困地区脱贫攻坚重点对象。到2020年，四川省要实现45个深度贫困县全部摘帽、2126个深度贫困村退出贫困以及73.9万建档立卡贫困人口全部脱贫。因此，本章以阿坝州、甘孜州和凉山州为研究对象，探讨深度贫困地区稳定脱贫的特殊性以及影响稳定脱贫的约束机制。

2.2 深度贫困地区稳定脱贫的特殊性

2.2.1 稳定脱贫的衡量

按照国务院扶贫办的规定，贫困人口退出要求实现“农户家庭人均纯收入稳定超过国家现行扶贫标准，不愁吃、不愁穿，义务教育、基本医疗和住房安全有保障”。由于深度贫困地区慢性贫困居多，脱贫后容易返贫，因此，深度贫困地区的稳定脱贫需要从以下三个方面进行衡量。

一是贫困户人均纯收入稳定超过贫困线。2014年起，我国每年的扶贫标准均有所上升，贫困线不断提高。2014—2017年，国家扶贫标准分别为2800元、2855元、3100元和3300元。贫困户人均收入要稳定超过贫困线，一方面要求超过国家扶贫标准；另一方面要求收入来源具有稳定性，即在收入结构中，经营性收入和工资性收入占比较高，转移性收入占比较低（如危房改造基金、产业扶持基金等临时性补贴）。如果贫困户的收入主要源于各种临时性补贴，可能使脱贫户陷入多维返贫的困境中。

二是从生计资本视角，分析贫困户“两不愁、三保障”的实现。这主要是从自然资本、物质资本、人力资本等方面评估贫困户是否稳定脱贫。自然资本反映贫困户拥有耕地和牧场的情况，是贫困户吃穿两不愁的基本保障；物质资本反映贫困户的住房安全、机械使用情况；人力资本反映贫困户的文化水平、劳动能力及健康情况。因此，贫困户生计资本的高低直接影响“两不愁、三保障”的实现。

三是将时间维度纳入稳定脱贫的衡量中。Gustafsson and Ding（2009）按陷入贫困的时间长短将贫困状态分为慢性贫困和暂时性贫困。国内学者研究发现，慢性贫困在中国农村总贫困中所占比例远远高于暂时性贫困（章元、万广华，2013）。慢性贫困的形成基于自然环境、区域发展、人力资本和物质资本四个因素，深度贫困地区的贫困主要表现为慢性贫困，其贫困户生计脆弱程度较高，且贫困代际传递现象严重。因此，处于慢性贫困中的贫困户脱贫，不能只考察当年收入是否超过贫困线，还应持续观察三年收入是否稳定超过贫困线。

2.2.2 稳定脱贫的特殊性

（1）贫困人口数量大幅减少，贫困发生率有所降低

2014年是中国精准扶贫起始年，本章以2014年建档立卡贫困人口为基数，分析阿坝州、甘孜州和凉山州贫困人口脱贫现状。表2-1和图2-1显示，2014年，三州地区贫困人口合计88.36万人，2015年减贫人数为16.06万人，2016年减贫人数为16.27万人，2017年减贫人数为21.64万人，2015—2017年三州地区累计减少贫困人口53.96万人，贫困发生率由2015年的14.22%降至2017年的8.78%。特别是甘孜州贫困发生率下降较快，2015—2017年，甘孜州贫困发生率下降10.11个百分点。

表2-1　2014—2017年三州地区减贫及贫困发生率情况　　单位：人

地区	2014	2015		2016		2017	
	贫困人口基数	减贫人口	贫困发生率（%）	减贫人口	贫困发生率（%）	减贫人口	贫困发生率（%）
阿坝州	135000	20000	10.5	20209	7.0	30311	5.8
甘孜州	220300	34558	18.76	28866	13.7	49441	8.65
凉山州	528300	106100	13.4	113500	12.0	136700	11.9
合计	883600	160658	14.22	162575	10.9	216452	8.78

数据来源：阿坝州、甘孜州和凉山州扶贫和移民工作局。

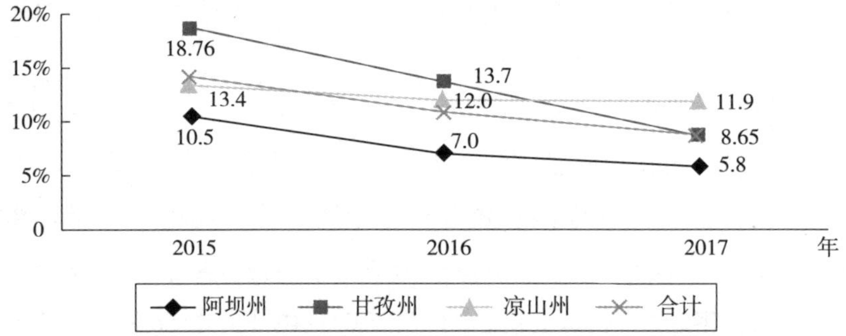

图2-1　2015—2017年三州地区贫困发生率变动趋势

资料来源：阿坝州、甘孜州和凉山州扶贫和移民工作局。

凉山州是中国最大的彝族聚居区、四川省民族类型和少数民族人口最多的地区，是中国最集中连片的贫困地区之一，也是四川省贫困人口最多的地区。因此，凉山州贫困人口基数大，每年的减贫人数都在10万人以上，2015—2017年凉山州累计减少贫困人口35.63万人，占三州地区累计减贫人数的66%（见图2-2）。

（2）农户人均收入稳步增长，但贫困户人均收入上升缓慢

阿坝州、甘孜州和凉山州的统计数据显示（见表2-2和图2-3），2014—2017年，三州地区农户的人均可支配收入逐年上升，由2014年的7479元上升到2017年的11203元，年平均增速为12.2%。特别是2015年，甘孜州和阿坝州农户人均可支配收入增长较快，甘孜州同比增速达到33.3%，阿坝州同比增速达到23%。原因在于，我国从2014年开始精准识别建档立卡贫困户，采取财政扶贫、金融扶贫和社会扶贫等措施，促使2015年部分

贫困户人均收入超过贫困线，实现脱贫。因此，2015—2017年，三州地区农户人均可支配收入的稳步上升主要得力于当地精准扶贫和精准脱贫工作的开展。

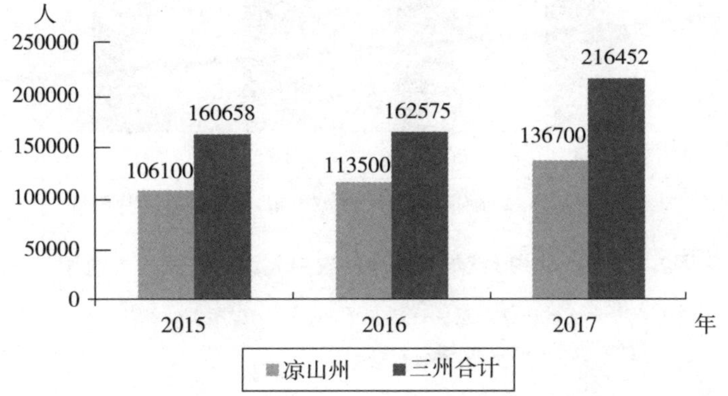

图2-2　2015—2017年凉山州减贫人数情况

资料来源：凉山州扶贫和移民工作局。

表2-2　2014—2017年三州地区农户人均可支配收入增长情况　单位：元

地区	2014		2015		2016		2017	
	收入	增速(%)	收入	增速(%)	收入	增速(%)	收入	增速(%)
甘孜州	6307	16.0	8408	33.3	9367	11.4	10444	11.5
阿坝州	7866	15.8	9711	23.4	10702	10.2	11751	9.8
凉山州	8264	12.3	9422	14.0	10368	10.0	11415	10.1
平均水平	7479	14.7	9180	23.6	10146	10.5	11203	10.5

注：人均可支配收入=（农户总收入-家庭经营费用支出-税费支出-生产性固定资产折旧-财产性支出-转移性支出）/家庭常住人口。

数据来源：阿坝州、甘孜州和凉山州统计年鉴（2014—2017年）。

在农户人均收入稳步增长的同时，贫困户人均收入增长缓慢。以甘孜州为例（见表2-3），2014年，甘孜州农户人均纯收入与贫困户人均纯收入差距比为3.19倍，到2017年，收入差距比增长到4.37倍，表明深度贫困地区剩余贫困人口脱贫难度大，脱贫的稳定性较差，在未来的工作中，深度贫困地区既要推进精准脱贫计划，又要防止脱贫户返贫。

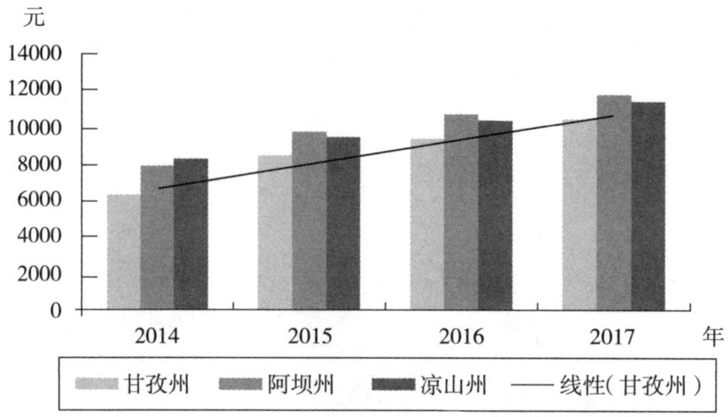

图2-3　2014—2017年三州地区农户人均可支配收入增长

资料来源：阿坝州、甘孜州和凉山州统计年鉴（2014—2017年）。

表2-3　2014—2017年甘孜州农户人均收入与贫困户人均收入比较　　单位：元

收入	2014	2015	2016	2017
农户人均纯收入	6217	8340	9263	10428
贫困户人均纯收入	1971	2049	2312	2392
收入差距比	3.19	4.10	4.05	4.37

注：人均纯收入=（农户总收入－家庭经营费用支出－税费支出－生产性固定资产折旧）/家庭常住人口。

数据来源：甘孜州统计年鉴（2014—2017年）。

（3）农户收入结构合理，但贫困户收入结构扭曲

农户收入结构由经营性收入、工资性收入、财产性收入和转移性收入组成，经营性收入和工资性收入占比较高，表明农户收入来源稳定，收入结构相对合理。从甘孜州和阿坝州农户收入结构看（见表2-4），2017年，甘孜州和阿坝州农户的经营性收入占比较高，均在56%以上，其次为工资性收入，占比最低为财产性收入，说明深度贫困地区农户依靠租金和投资收益的来源较少。工资性收入的比重高于转移性收入，可以减少农户收入的波动性，有利于贫困地区农户脱贫。罗楚亮（2010），沈扬扬（2012），樊士德、江克忠（2016）的研究发现，在农户将其经济活动拓展到非农领域（进城务工）的过程中，农村贫困率不断下降，外出打工成为农户摆脱

贫困的有效方法，外出打工农户的贫困规模、贫困深度和贫困强度均远远小于其他类型的农户。

表2-4　2017年甘孜州和阿坝州农户收入结构比较　单位：元

地区	人均纯收入	经营性收入		工资性收入		财产性收入		转移性收入	
		收入	比重（%）	收入	比重（%）	收入	比重（%）	收入	比重（%）
甘孜州	10444	7113	68.1	1797	17.2	103	0.98	1431	13.7
阿坝州	11751	6676	56.8	3274	27.8	307	2.61	1494	12.7

数据来源：甘孜州、阿坝州扶贫和移民工作局。

但从甘孜州农户收入结构与贫困户收入结构比较来看（见表2-5），两者差异较大。2017年，在甘孜州农户的人均纯收入中，经营性收入和工资性收入占比较高，经营性收入占比为68.1%，工资性收入占比为17.1%，而转移性收入占比较低，仅为13.7%；但从贫困户收入结构来看，转移性收入占比最高，2017年甘孜州贫困户转移性收入占比为50.3%，而工资性收入占比仅为11.4%。贫困户转移性收入主要源于政府的农业补贴、产业扶贫专项资金，这些收入对贫困缓解只能产生短期效应，不能有效激发贫困户脱贫的内生动力，因而影响了脱贫的稳定性。贫困户工资性收入和经营性收入显著低于一般农户，是贫困户稳定脱贫的最大桎梏。

表2-5　2017年甘孜州农户与贫困户人均收入结构比较　单位：元

农户	人均纯收入	经营性收入		工资性收入		财产性收入		转移性收入	
		收入	比重（%）	收入	比重（%）	收入	比重（%）	收入	比重（%）
一般农户	10444	7113	68.1	1797	17.2	103	0.98	1431	13.7
贫困户	2392	821	34.3	272	11.4	97	4.1	1203	50.3

数据来源：甘孜州扶贫和移民工作局。

（4）因病致贫返贫现象有所缓解

返贫是指从非贫困状态转移到贫困状态的过程。导致农村返贫现象出现的主要根源是贫困人口身体健康状况差、教育水平低、文化技能差与贫困地区恶劣的自然环境、生态环境发展的不可持续性等（杨龙、汪三贵，

2015）。要减少返贫现象，必须准确识别扶贫开发进程中脱贫人口面临的因病返贫、能力缺失返贫、环境返贫、发展型返贫等风险，利用“生计空间重塑”理论梳理风险因素和致贫机理（郑瑞强、曹国庆，2016）。深度贫困地区致贫返贫的因素十分复杂，既有因病致贫返贫，也有因灾致贫返贫等。从调研数据看，因病致贫和因病返贫占比较高。2016年全国建档立卡贫困数据显示，因病致贫、因病返贫的贫困户占贫困户总数的42.6%。因此，因病致贫、因病返贫问题解决不好，将导致近一半的贫困人口不能如期脱贫，或者脱贫难以稳定，很可能回到贫困人口的行列。

2017年，阿坝州建档立卡贫困村606个，贫困人口10.3万人，其中因病致贫、因病返贫人口2.9万人，占贫困总人口的39%；甘孜州建档立卡贫困人口15.69万人，因病致贫家庭19751户41900人，占贫困总人口的26.7%；凉山州建档立卡贫困因病人口30.87万人，因病致贫、因病返贫人口占贫困总人口的31.2%。三州地区因病致贫、因病返贫比例比2016年全国的平均水平（42.6%）有所下降。原因在于，三州地区加强贫困户医疗保障体系的建设，贫困户不仅全部参加了新型农村合作医疗保险，参合率达100%；而且贫困户重大疾病的治疗实施兜底救助制度，确保贫困户县域内住院、慢性病门诊维持治疗医疗费用的个人支付占比均控制在5%以内，切实降低了贫困人口的医疗负担。

（5）人力资本有所提升

在地区经济增长中，人力资本的作用大于物质资本的作用，人力资本投资与收入成正比，比物质资源增长速度快（舒尔茨，1960）。人力资本的核心是人口质量，教育是提高人力资本最基本的手段。国内研究表明，人力资本积累对于改善我国农村家庭低收入持续性贫困非常重要（邹薇，2012）；相对于城市，我国农村仍然处于低人力资本积累率和高生育率的马尔萨斯稳态（郭剑雄，2005）。在教育层次上，深度贫困地区贫困户户主受教育程度较低，很多为小学文化水平，高中阶段失学率非常明显。因此，普通高中教育、职业教育的普及非常重要，本章用高中阶段毛入学率衡量贫困地区的人力资本发展情况。

如图2-4所示，2015—2017年，阿坝州、甘孜州和凉山州地区高中阶段毛入学率缓慢上升。2015年阿坝州高中阶段毛入学率为70%，2017年达到85.2%，上升了15.2个百分点；甘孜州高中阶段毛入学率由2015年的70%上升到2017年的85.3%，上升了15.3个百分点；只有凉山州高中阶段毛入学率上升较慢，仅上升了3个百分点。

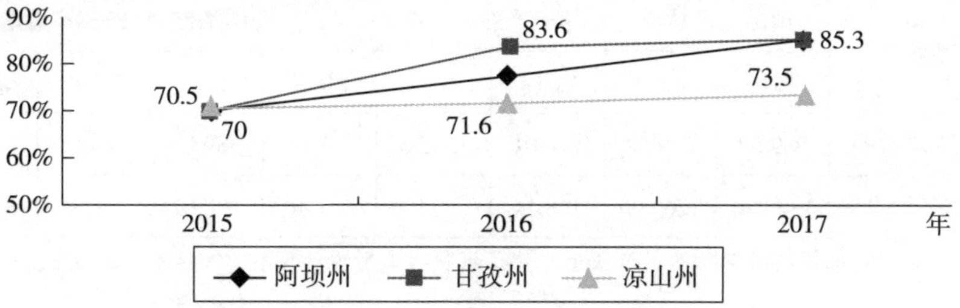

图2-4　2015—2017年三州地区高中阶段毛入学率

注：高中阶段毛入学率=高中阶段在校学生总数 / 15~17岁学龄组人口数的比重。
资料来源：阿坝州、甘孜州和凉山州统计年鉴（2015—2017年）。

2.3　稳定脱贫面临的多维约束

2.3.1　产业发展约束

地区产业发展具有显著的减贫效应。世界银行（2001）认为，农业收入是贫困人口的收入主体，农业发展的不平衡直接影响各国的贫困发生率，农业增长对贫困减少至关重要。Kay（2009）从产业协同发展的角度分析了产业增长对农村贫困减少的不同影响，认为农业和工业的发展能够最大化促进农村发展，消除贫困。从产业发展影响贫困减少的传导渠道来看，第一产业发展直接增加贫困户家庭收入，促使贫困户脱贫；劳动密集型的第二产业和第三产业发展，促使就业岗位增加，为农村劳动力转移提供机会，通过增加贫困户工资性收入减少贫困。

表2-6和图2-5显示，四川省阿坝州、甘孜州和凉山州产业发展水平较低，经济基础薄弱，特别是直接增加贫困户收入的第一产业的发展滞后于四川省平均水平，严重影响了本地区稳定脱贫效果。2017年三州地区GDP平均水平为679.52亿元，比四川省GDP平均水平低1081.4亿元；三州地区第

一产业增加值平均水平为114.01亿元，比四川省平均水平低54.13亿元。更为严重的是，为贫困户提供就业岗位的第三产业发展缓慢，第三产业增加值比四川省平均水平低620.91亿元。

表2-6　2014年、2017年三州地区和四川省产业发展水平比较　单位：亿元

地区	地区生产总值		第一产业增加值		第二产业增加值		第三产业增加值	
	2014	2017	2014	2017	2014	2017	2014	2017
三州平均水平	589.60	679.52	114.01	134.75	298.67	289.01	143.65	255.43
四川省平均水平	1358.90	1760.90	168.14	203.91	691.40	680.62	499.34	876.34

数据来源：四川省统计年鉴；阿坝州、甘孜州和凉山州统计年鉴（2014年、2017年）。

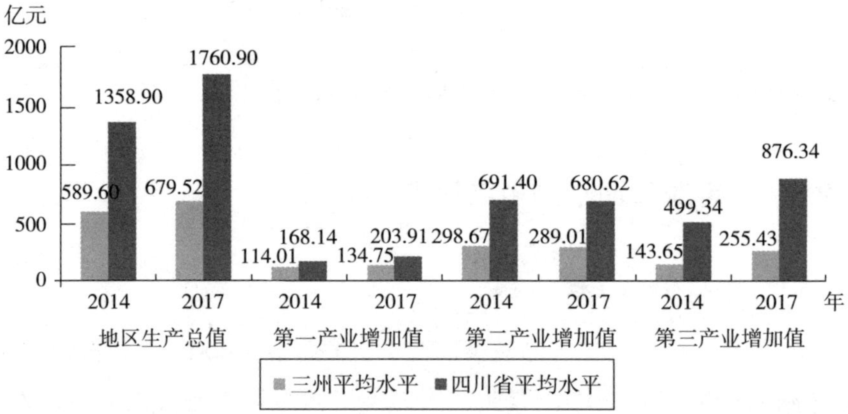

图2-5　2014年、2017年三州地区和四川省产业发展水平比较

资料来源：四川省统计年鉴，阿坝州、甘孜州和凉山州统计年鉴（2014年、2017年）。

三州地区不仅产业发展水平低下，而且发展不平衡。表2-7显示，凉山州的GDP总值高于甘孜州和阿坝州。2014年，凉山州的GDP总值为1314.3亿元，而甘孜州和阿坝州的GDP总值在250亿元以内；2017年，凉山州的GDP总值为1480.9亿元，而甘孜州和阿坝州的GDP总值虽然有所增长，但仍然在300亿元以内。从极值比看，2017年三州地区的第一产业、第二产业和第三产业的极值比分别为6.38、5.98、5.83。三州地区产业发展不平衡的原因在于，甘孜州和阿坝州主要为藏族聚居地，不仅海拔高，地理环境复杂，而且耕地面积少，气温低且气候变化大，农业处于“靠天收”，

牧业存在“秋肥、冬瘦、春死”的困局。

表2-7　2014年、2017年三州地区产业发展水平　　单位：亿元

地区	地区生产总值		第一产业增加值		第二产业增加值		第三产业增加值	
	2014	2017	2014	2017	2014	2017	2014	2017
阿坝州	247.79	296.16	37.25	46.44	125.31	141.34	85.23	107.38
甘孜州	206.80	261.50	51.48	61.29	77.29	103.82	78.13	96.39
凉山州	1314.30	1480.90	253.30	296.52	693.40	621.88	367.60	562.51
极值比	6.35	5.66	6.80	6.38	8.97	5.98	4.70	5.83

注：极值比=最大样本值/最小样本值。

数据来源：阿坝州、甘孜州和凉山州统计年鉴（2014年、2017年）。

三州地区产业发展结构性矛盾较为突出。从第二产业看，三州地区以资源型行业为主。2017年水电、矿山行业占比在80%以上，其他行业占比不足20%。从第三产业看，非营利性服务业占比较高，以公共服务为主的非营利性服务业增加值占全部服务业增加值的41%，其他服务行业占比最高的不足18%。

2.3.2　城镇化水平的制约

地区城镇化的发展，不仅能推动经济增长，而且对贫困缓解具有积极作用。在城镇化过程中，部分农村人口向城镇转移，通过就业面的扩大提高农村居民的收入水平和消费能力，同时为城市经济发展提供劳动力，进行人力资本积累（Lucas. Jr，2004）。但是，四川省深度贫困地区多处于高山和丘陵地带，因高山阻隔，区内村落与贫困人口处于相对封闭的状态，村落与村落、村落与城镇的联系较弱。一方面，深度贫困地区城镇化水平较低，既不利于农业转移人口市民化，也不利于精准脱贫的可持续性。另一方面，贫困地区城镇经济发展功能较弱，对农村的辐射影响极为有限，对农村人口的吸纳能力较弱，城镇与农村的经济联系偏弱或断裂。在经济城镇化水平较低的情况下，农产品特别是大宗农产品的商品率偏低。以提高农业生产水平为主的产业帮扶受到城镇经济发展水平较低的影响，产业带动贫困人口增收的效应偏弱。

表2-8显示，阿坝州、甘孜州和凉山州常住人口城镇化率虽有所上升，但上升幅度缓慢。阿坝州常住人口城镇化率由2014年的35.69%，上升到2017年的38.92%，年均上升1.07个百分点；凉山州常住人口城镇化率由2014年的30.97%上升到2017年的34.51%，年均上升1.5个百分点；甘孜州常住人口城镇化率最低，2014—2017年城镇化率平均仅为28.69%，低于三州地区平均水平。

表2-8 2014—2017年三州地区常住人口城镇化水平（%）

地区	2014	2015	2016	2017
阿坝州	35.69	36.73	37.86	38.92
甘孜州	26.87	28.06	29.3	30.56
凉山州	30.97	32.5	33.04	34.51
三州地区平均	31.18	32.43	33.40	34.67
四川省平均	46.31	47.70	49.22	50.41

数据来源：四川省统计年鉴，阿坝州、甘孜州和凉山州统计年鉴（2014—2017年）。

从三州地区常住人口城镇化率与四川省城镇化率的比较来看（见图2-6），三州地区常住人口城镇化率远低于四川省平均水平。2014年，三州地区城镇化率为31.18%，四川省城镇化率为46.31%，城镇化水平相差15.1个百分点；2017年三州地区城镇化率为34.67%，四川省城镇化率为50.41%，城镇化水平相差15.7个百分点。三州地区城镇化进程缓慢，严重制约了农村贫困人口向城市转移，不能有效打通贫困户进城务工从而提高收入的渠道。

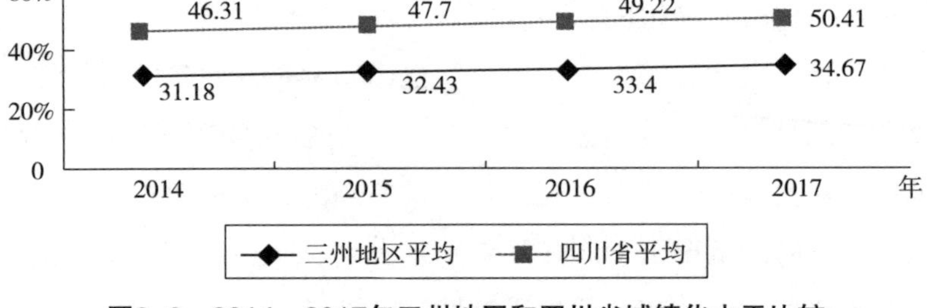

图2-6 2014—2017年三州地区和四川省城镇化水平比较

资料来源：四川省统计年鉴，阿坝州、甘孜州和凉山州统计年鉴（2014—2017年）。

2.3.3　金融服务约束

（1）金融服务网点少，且分布不平衡

金融发展具有显著的减贫效应，银行机构在农村设立的数量每增加1%，农村贫困率将降低0.34%，农村银行业的变革将导致贫困的减少和产出的增加（Burgess和Panda，2003）。从阿坝州、甘孜州和凉山州金融服务网点分布来看，主要的金融机构有农业银行、农村信用社和邮政储蓄银行，三类金融机构覆盖每个贫困县。而农业发展银行、建设银行和工商银行主要设在地级城市（西昌、康定和马尔康），很多贫困县无分支机构，存在金融空白。表2–9显示，三州地区有9个贫困县的乡镇只有1个银行网点，有3个贫困县的乡镇没有银行网点，分别为甘孜州的乡城县、甘孜县和凉山州的布托县。

表2–9　三州地区部分深度贫困县银行网点分布　单位：个

地区	县域名称	县城网点	乡镇网点
甘孜州	雅江县	3	1
	理塘县	3	1
	德格县	3	1
	色达县	3	1
	得荣县	4	1
	道孚县	4	1
	乡城县	4	0
	甘孜县	5	0
阿坝州	阿坝县	6	1
	红原县	9	3
	黑水县	6	1
	壤塘县	4	1
凉山州	布托县	5	0
	金阳县	4	2
	昭觉县	5	2
	木里县	5	2

注：该表统计的银行网点不包括ATM。

数据来源：中国人民银行甘孜州、阿坝州和凉山州中心支行。

从甘孜州金融机构网点分布来看，其县域金融机构共有87个，而乡镇只有53个银行网点（甘孜州共有325个乡镇），表明有83%的乡镇没有银行网点。

（2）大额农贷需求获得率较低

英国国际发展部（2004）指出，金融服务对贫困减少产生直接影响，金融部门为贫困家庭提供信贷服务，信贷供给可以使贫困户有能力继续生产，投资新技术。当前，随着金融扶贫工作的逐渐深入，农民融资需求趋向差异化，新型农业经营主体长期、大额资金需求逐渐增加。种植大户、农民专业合作社、家庭农场所需贷款往往是普通农户的几十倍甚至上百倍，不同类型、不同收入水平农户的融资需求出现了十分明显的差异。贫困户的融资需求以3万～5万元居多，非贫困户融资需求集中在3万～10万元，新型农业经营主体贷款需求一般在30万元以上。新型农业经营主体由于经营规模大、投资多，资金需求呈现额度大、期限长的特点。

从三州地区融资服务看（见图2-7），扶贫小额贷款主要针对贫困户，贫困户小额贷款获得率较高。2017年，甘孜州发放扶贫小额贷款6.37亿元，阿坝州发放扶贫小额贷款7.63亿元，凉山州发放扶贫小额贷款11.56亿元，三州地区扶贫小额贷款合计25.56亿元，共惠及贫困户家庭10.8万户。

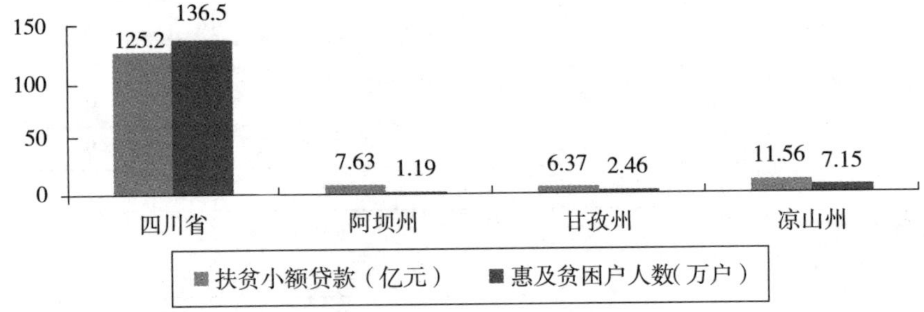

图2-7　2017年三州地区扶贫小额贷款发放情况

资料来源：中国人民银行成都分行、四川省银监局。

而对于在深度贫困地区进行规模化经营的产业项目，大额资金需求满足率较低。近年来，贫困地区种粮大户、家庭农场、专业合作社等新型农业经营主体数量逐渐增加。以阿坝州为例，根据阿坝州第三次农业普查的数据显示（见表2-10），2016年，阿坝州农民合作社和农业经营单位共有4983个，规模经营农业户0.78万户，这些新型农业经营主体对资金需求量较大，但获得率较低。2015—2017年，阿坝州农村信用联社共发放扶贫贷款余额44.5亿元，其中，项目及产业精准扶贫贷款余额14.13亿元，个人精准扶贫贷款30.37亿元（扶贫再贷款+扶贫小额贷款），项目及产业扶贫贷款占扶贫贷款的比重为31.7%。

表2-10 2016年末三州地区农业经营主体情况 单位：户，个

经营主体	阿坝州	甘孜州	凉山州
规模经营农业户	0.78 万	0.57 万	1.08 万
农民合作社	1606	2174	4156
农业经营单位	3377	2240	5284

注：规模经营农业户指种植农作物的土地达到100亩及以上或经营林地面积达到500亩及以上。
数据来源：阿坝州、甘孜州和凉山州第三次农业普查数据。

2.3.4 基础设施约束

（1）交通设施通达性差

四川省甘孜州和阿坝州自然条件极端，高寒缺氧，交通设施极端落后。2015年，甘孜州没有一公里高速公路和一寸铁路，111个乡镇不通柏油路，450个贫困村不通公路；阿坝州只有汶川县通高速公路，其他贫困县没有高速公路。到2016年末（见表2-11），在阿坝州和甘孜州乡镇地域范围内，有高速公路出入口的乡镇只占0.5%，仍然没有一寸铁路。交通设施不发达，既严重制约了贫困村农产品的销售，又不利于贫困地区招商引资。

表2-11 2016年末三州地区乡镇交通设施情况（%）

项目	阿坝州	甘孜州	凉山州	四川省
有高速公路出入口的乡镇	0.5	0.5	2.0	11.4
有火车站的乡镇	0	0	6.2	5.3

数据来源：阿坝州、甘孜州和凉山州第三次农业普查数据。

三州地区60%以上的自然村为贫困村，如表2-12所示，从自然村交通设施来看，通公路的村占比在94%以上，低于四川省平均水平99.3%；从村

委会到最远自然村的距离来看，10千米以上的占比平均为9.16%，高于四川省平均水平6.96个百分点。这说明少数民族地区贫困村地处偏远，交通通达性极差。

表2-12　2016年末三州地区行政村交通设施情况（%）

项目	阿坝州	甘孜州	凉山州	四川省
通公路的村	99.1	97.3	94.7	99.3
村委会到最远自然村或居民定居点距离				
5千米以内	80.8	80.9	71.5	90.7
6~10千米	11.5	8.5	19.3	7.1
10千米以上	7.7	10.6	9.2	2.2

数据来源：阿坝州、甘孜州和凉山州第三次农业普查数据。

（2）农村生活保障设施较为滞后

深度贫困地区通天然气和集中供水，能有效提高贫困户生活质量。但从三州地区农村生活设施来看，2016年末，三州地区通天然气的村平均占比为1.63%，远低于全省通天然气的比重（全省占比为37.5%）；只有乡镇集中供水情况与四川省平均水平相差较少，三州地区平均有59.4%的乡镇集中或部分集中供水，全省有86.1%的乡镇集中或部分供水。

从三州地区医疗设施来看，随着精准扶贫工作的推进，2014年以来，很多贫困村新建了卫生室，三州地区有卫生室的村不断增加。截至2016年末，阿坝州有80.5%的村建立了卫生室，凉山州有79.2%的村建立了卫生室，略低于全省平均水平。但甘孜州医疗设施的推进较为滞后，2016年末，有卫生室的村只有51.8%，接近一半的村还没有设立卫生室，严重影响了稳定脱贫要求的“基本医疗保障”。

表2-13　2016年末三州地区农村生活保障设施情况（%）

项目	阿坝州	甘孜州	凉山州	四川省
通天然气的村	1.8	1.5	1.6	37.5
集中或部分供水的乡镇	60.6	64.6	53.0	86.1
有社会福利收养性单位的乡镇	13.6	13.2	23.7	56.6
有卫生室的村	80.5	51.8	79.2	85.4

数据来源：阿坝州、甘孜州和凉山州第三次农业普查数据。

表2-13显示，阿坝州和甘孜州有社会福利收养单位的乡镇只占13%左右，比全省平均水平低43个百分点。乡镇社会福利单位缺失，无法保障鳏寡孤独老人的正常生活，尽管其已被纳入农村低保，但生活保障仍然存在一些问题。

2.3.5　市场约束

深度贫困地区稳定脱贫，需要持续增加农户的生产经营性收入，而生产经营性收入的增加主要依靠农产品销售的实现。从经济学视角来看，农产品市场化涵盖要素投入市场化、生产过程市场化和产品销售市场化三个环节。由于农业生产本身强调对土地要素的依赖，一定区域的农业生产往往产生对该地区的劳动要素和资本要素的吸附性，并形成产品和要素的区域限制性。农产品生产过程市场化需要克服农业生产周期长、生产对象调整困难的局限，通过信息化优化农业生产过程。农产品销售市场化需要农业产品市场直接对接农业产品的需求方（即第二产业、第三产业），通过建立商品交易市场以及互联网销售平台（电商配送站点）实现产品的销售。

从三州地区商品市场发展情况来看（见表2-14），2016年末，甘孜州有商品交易市场的乡镇占全州的比重为8.6%，阿坝州有商品交易市场的乡镇占比为12.2%，低于全省平均水平48.3个百分点；阿坝州和甘孜州有农产品专业市场的乡镇占比8.6%，低于全省30.3个百分点。表明这些深度贫困地区87%以上的乡镇没有商品交易市场，90%以上的乡镇没有农产品专业市场，连接产品供给与需求的场所存在空白，农产品销售受到严重的市场约束。

表2-14　2016年末三州地区商品市场发展情况（%）

项目	阿坝州	甘孜州	凉山州	四川省
有商品交易市场的乡镇	12.2	8.6	30.7	60.5
有农产品专业市场的乡镇	8.6	8.6	17.2	38.9
有电子商务配送站点的村	8.8	2.9	11.2	15.0
有 50 平方米以上综合商店的村	13.2	6.7	9.9	23.6

注：农产品专业市场主要交易蔬菜、水果和粮食。

数据来源：阿坝州、甘孜州和凉山州第三次农业普查数据。

三州地区数字经济的发展直接关系到三州地区脱贫效果，特别是电子商务配送站点的设立，运用互联网与县域外市场相连接，有利于贫困户销售商品。可以说，电商在拓宽农产品销售渠道，帮助弱势群体创业就业以及产业扶贫方面发挥着不可替代的作用。但是，根据第三次农业普查数据，2016年末，三州地区设立有电子商务配送站点的村平均占比为7.63%，比全省平均水平低7.37个百分点。因此，三州地区应大力发展包括电子商务、非现金支付、数字化理财、数字小额信贷等在内的数字经济产业，使手机变成社会资本提升的手段，互联网变成稳定脱贫的致富网络。

2.4 结论与建议

2.4.1 主要结论

四川省深度贫困地区稳定脱贫具有一定的特殊性。一是减贫人数增加，贫困发生率降低；二是农户人均收入稳步上升，但贫困户人均收入上升缓慢；三是在脱贫攻坚过程中，贫困户收入结构扭曲；四是因病致贫、返贫现象有所缓解；五是贫困户人力资本提升较快，高中阶段毛入学率有所上升。从阿坝州、甘孜州和凉山州稳定脱贫的现状来看，贫困户收入超过贫困线，但收入结构中转移性收入占比较高，工资性收入和经营性收入占比较低，不利于贫困户稳定脱贫。

四川省深度贫困地区因地处高山、高海拔、气候恶劣之地，贫困户稳定脱贫面临多方面约束，既有产业发展约束、城镇化水平的制约和基础设施约束，又面临金融服务约束和市场约束。阿坝州、甘孜州和凉山州等地区不仅产业发展水平低下，发展不平衡，而且城镇化水平低，严重制约了农村人口向城镇转移，阻碍了贫困户务工收入的增加。加上金融机构网点少，大额农贷需求满足率较低，不利于新型农业经营主体的发展。

2.4.2 相关建议

（1）加强对贫困缓冲区的政策扶持力度，减少返贫风险

贫困缓冲区是指近一年退出贫困且收入轻微超过贫困线（比贫困线高

1000元以内）的农户家庭，这部分农户虽然暂时退出贫困，但生计脆弱程度仍然较高，预备应对人力风险、自然风险的资产较少，特别是医疗支出的增加以及自然灾害的冲击，很容易导致返贫。因此，对已经处于贫困缓冲区的农户，应保持扶贫政策的连续性，以此实现稳定脱贫。

（2）发挥产业扶贫与金融扶贫的协同效应

从金融发展、产业增长与贫困减少的关系来看，金融发展与产业发展对贫困减缓具有显著影响，但是金融发展的减贫效应正在减弱，可能的原因在于金融减贫与产业发展没能有效结合。金融支持产业发展脱贫的渠道有两条：一是直接渠道，金融机构运用风险补偿机制直接为贫困户提供生产性借贷；二是间接渠道，通过能人、龙头企业带动贫困户的特色产业发展。金融机构提供货币资本，农业企业和农户提供人力资本进行协作，通过金融机构与农户，金融机构与农业企业的协同发展，产生“1+1>2”的协同效应。

（3）优先下沉深度贫困县的金融网点

一方面，扩大网点覆盖面，在三州地区的乡镇增设服务网点，保证基础金融服务不出村，综合金融服务不出镇。另一方面，积极推动已有金融机构网点服务升级，将人工智能技术运用于微型金融服务中。

（4）以特色产业带动特色乡镇的发展，通过城镇化建设拓宽贫困户就业渠道，帮助贫困户脱贫

阿坝州、甘孜州和凉山州等深度贫困地区自然资源丰富，通过“公司+合作社+农户”的方式，引进外力和增强内生动力相结合，建立特色产业开发和贫困群众利益联结机制。通过确定特色农业支撑、产业融合发展、电子营销先行等乡镇扶贫战略，着力推动自然资源优势转化为产业优势，走出能增收、可脱贫的富民产业之路，以此推动乡镇的城镇化建设。

第3章　四川藏区精准扶贫机制及成效的调查研究

杨胜利[①]

摘　要　以四川藏区为调查范围，以其精准扶贫问题为研究对象，以贫困个体、民族文化等方面的分析研究为抓手，以重点调查甘孜州、阿坝州等四川藏区精准扶贫机制的运行及实施效果、存在的主要问题为着力点，深入分析研究四川藏区精准扶贫、脱贫攻坚和全面小康等方面的问题。

主要结论：四川藏区建立了以“精准”为前提的精准扶贫机制；四川藏区贫困问题依然严峻；四川藏区五大精准扶贫机制的建立，运行良性，成效显著；四川藏区要继续完善精准扶贫机制，彻底解决藏区贫困问题。

报告综合考虑四川藏区精准扶贫的现实需求，就完善四川藏区精准扶贫机制，脱贫攻坚奔小康提出以下政策建议：整合扶贫资金，加大对四川藏区基础设施建设的投入，调整产业结构，大力发展特色优势产业，夯实精准扶贫基础；加快精准扶贫大数据的建设，用大数据支撑四川藏区扶贫的“精准”，力求“真扶贫，扶真贫”；加强规划引领，用统一规划和统筹凝聚各方的扶贫帮扶力量，形成扶贫帮扶的合力；完善财政与金融互动机制，力促财政撬动金融渠道多元化，在业务发展和产品设计上力求新突破，解决扶贫资金的“瓶颈”问题；借助大数据支持，科学筛选扶贫项目，建立、完善扶贫项目考核制度，用制度增强扶贫项目的执行力，提升项目的投资效益；加强教育投入和智力扶贫，从基础教育与职业培训量

---

① 杨胜利，经济学博士，西南民族大学经济学院/中国西部民族经济研究中心副教授。笔者十分感谢调研期间各地政府部门提供的大力支持。

方面入手，加快贫困地区中心村的建设，提升贫困户的文化水平和技术能力。

关键词　四川藏区；精准扶贫机制；脱贫攻坚

3.1　前言

2015年新年伊始，习近平总书记首个调研地点选择了云南，他强调要坚决打好扶贫开发攻坚战，加快民族地区经济社会发展。5个月后，习近平总书记又来到贵州，他要求科学谋划好“十三五”的扶贫开发工作，确保贫困人口到2020年如期脱贫。同时，习近平总书记还提出扶贫开发“贵在精准，重在精准，成败之举在于精准”。一时间，“精准扶贫”成为各界热议的关键词，对我国扶贫攻坚、脱贫解困，对社会经济的发展，均产生了日益重要的影响。

2017年，我国农村贫困线是人均收入2300元/年（2010年贫困线标准），也就是每人每天收入约6.3元。据调查了解，2014年底，我国仍有14个连片特困地区，800多个贫困县，12.8万个贫困村，7017多万贫困人口。这些贫困人口不仅规模大，而且集中连片，大部分分布在自然环境恶劣、地广人稀的民族地区，其致贫原因复杂，脱贫难度大。很显然，要全面建成小康社会，最艰巨最繁重的任务在农村，更在贫困人口集中的民族地区。针对我国的贫困现状，为了确保贫困人口到2020年全部脱贫，中央出台了《关于创新机制扎实推进农村扶贫开发工作的意见》，提出建立扶贫的六大机制。精准扶贫是六大机制之一，也是我国扶贫进行到新阶段后的新举措，更是西部民族地区的贫困人口脱贫解困的重要利器。如何更好地发挥利器的作用，分析研究、客观评价精准扶贫的效果和不断完善精准扶贫机制尤其重要。

本课题的调研以四川藏区为调查范围，其行政区域包括二州一县（四川甘孜藏族自治州、阿坝藏族羌族自治州、凉山彝族自治州木里藏族自治县等）。本课题以四川藏区的精准扶贫问题为研究对象，以贫困个体、民族文化等方面的分析研究为抓手，以重点调查甘孜州、阿坝州等四川藏区精准扶贫机制的运行及实施效果、存在的主要问题为着力点，深入分析研究四川藏区精准扶贫、脱贫攻坚和全面小康等问题。

2017年7—8月，课题组在阿坝州、甘孜州等地，通过座谈、走家串户、深度访谈等方式，对四川高原藏区的精准扶贫机制及成效的情况进行了抽样调查和了解。课题组不仅调查访问了阿坝州、甘孜州等地的扶贫移民局、农牧局、民政局、社保局和统计局等政府主管部门，还对部分贫困县下面的贫困村的干部及部分村民进行了访谈，获得了大量关于四川藏区精准扶贫现状、精准扶贫机制成效及问题等的第一手材料。课题组立足于调查资料，梳理现有的研究成果，深层次地分析问题的成因，探索完善精准扶贫机制的有效路径，希望能为四川藏区完善精准扶贫机制，提升可持续发展能力，彻底脱贫解困，实现全面小康社会提供理论支撑和决策依据。

3.2 四川藏区精准扶贫现状的调查

3.2.1 四川藏区经济发展滞后，贫困人口集中连片

课题组通过座谈、实地走访和调查问卷等调查方式，了解到由于四川藏区（阿坝州、甘孜州和凉山州的木里县）特殊的地理生态和恶劣的气候环境，其道路交通、通信设施等基础设施建设滞后，经济基础薄弱，经济发展速度缓慢。截至2016年底，四川藏区GDP为540.85亿元，比2015年同期增长了6.52%，较四川全省增长率低了1.18个百分点（见表3-1），城镇居民可支配收入和农村居民纯收入都低于全省的平均水平。四川藏区不仅是四川省贫困人口集中连片的特困区，也是全国14个扶贫攻坚的重点区域之一。

表3-1　2016年四川藏区经济指标对比

各项经济指标	四川省	藏区合计	阿坝州	甘孜州	木里县
2016年末户籍总人口（万人）	8262	216.04	91.95	110.10	13.99
城镇化率（%）	49.21	27.40	37.86	29.30	15.05
地区生产总值（亿元）	32680.50	540.85	281.32	229.80	29.73

续表

各项经济指标	四川省	藏区合计	阿坝州	甘孜州	木里县
人均地区生产总值（元）	39695	23814	30595	19596	21251
城镇居民可支配收入（元）	28335	26203	28048	27101	23462
农村居民纯收入（元）	11203	9358	10702	9367	8006
地方公共财政收入（亿元）	3389.40	70.46	32.60	32.26	5.60
地方公共财政支出（亿元）	8011.90	546.55	219.63	300.14	26.78

数据来源：2016年四川省统计年鉴及统计公报。

3.2.2　四川藏区贫困人口量大、贫困程度深，精准扶贫效果明显

四川藏区主要分布在青藏高原向四川盆地过渡的地带，不仅地势险要、气候恶劣，生态环境也极度脆弱。其所在的甘孜州、阿坝州等地，全部包含在四川省88个贫困县中。四川省36个国定贫困县中，有8个县分布在四川藏区（见表3–2）。

表3–2　四川省藏区国定贫困县

行政区域	国定贫困县
阿坝州	小金县、黑水县、壤塘县（3）
甘孜州	甘孜县、德格县、石渠县、色达县、理塘县（5）

四川藏区以国家贫困线为标准建档立卡，精准识别贫困人口。四川省委、省政府立足省情，按照中央精准扶贫、扶贫开发的目标及要求，全力推进精准扶贫各项工作，脱贫效果显著。按照国家现有贫困线标准（2010年，按PPP计算，农村居民人均纯收入为2300元/年），四川贫困人口从2012年的750万贫困人口减至2015年的88个贫困县、380万贫困人口，贫困发生率由11.5%降至5.8%，略高于全国水平（5.7%）。四川藏区有农村人口146.86万人，贫困人口28.941万人。其中，甘孜州有1360个贫困村，4.8433万户贫困户，19.7353万贫困人口；阿坝州有606个贫困村，2.1892万户贫困户，7.4万贫困人口；凉山州木里县有97个贫困村，0.4705万户贫困户，1.8057万贫困人口。四川藏区贫困发生率为13%，比四川省平均水平高7.2%，比全国平均水平高7.1%。2016年，在各级政府的共同努力下，四川藏区精准扶贫成

效明显，全年累计减贫6.4369万人。其中，阿坝州有126个贫困村退出，脱贫2.4万人；甘孜州有280个贫困村退出，脱贫3.3985万人；木里县有33个贫困村退出，脱贫0.6384万人。

3.3 四川藏区精准扶贫机制成效情况的调查

课题组根据事先拟订的课题调研计划，重点对四川高原藏区（甘孜州、阿坝州等）在精准识别、产业扶贫、精准帮扶、资金支持、社保兜底、考核监督等方面的扶贫机制及成效情况进行了调研，具体情况如下：

3.3.1 四川高原藏区精准扶贫机制的情况调查

3.3.1.1 建立了贫困对象精准识别机制，扶贫攻坚任务明确

根据国务院出台的《扶贫开发建档立卡工作方案》和四川省委、省政府建立完善贫困人口精准识别工作机制的基本要求，四川藏区立足各地实际情况，对贫困人口严格建档立卡，加强信息化建设，建立并不断完善贫困人口精准识别的工作机制，完成了对贫困对象的精准识别，明确了扶贫攻坚任务。

通过调查，课题组了解到：甘孜州在精准识别贫困对象的过程中，坚持流程规范，严格遵循“七步工作法”（即宣传、发动、入户、回访、评议、公示、报审）；坚持贫困对象倒排，从最穷的农户依次排序；坚持公告公示，建档立卡贫困户必须得到村民同意和群众公认。通过五次“回头看”，甘孜州精准识别全州贫困对象，全州以2013年农村人口户籍数为依据，识别并建档立卡的贫困人口为19.04万人。按照一村一策、一户一法，因人因地施策、因贫因类型施策，甘孜州将建档立卡贫困人口分别纳入“五个一批”攻坚计划的目标任务中进行了分解落实，纳入扶持生产和就业发展一批，纳入移民搬迁安置一批，纳入低保政策兜底一批，纳入医疗救助扶持一批，纳入灾后重建帮扶一批，并率先在全省建成扶贫攻坚“六有”（户有卡、村有册、乡有簿、县有档、市有卷、省有库）信息管理平台。

阿坝州高度重视贫困对象的精准识别，主要按照“农户申请、村民评议、逐级审核、张榜公示”的流程，采取“十对比八排除”和“回头看”等方法，做到“村不漏组、组不漏户、户不漏人”，把贫困人口精准地筛查出来。通过精准识别贫困对象的工作机制的建立和完善，阿坝州全面完成贫困对象的识别工作，全州有建档立卡的贫困人口11.19万人（以2013年农村人口户籍数为依据）。同时，阿坝州还将精准识别的贫困对象分别纳入“五个一批”扶贫攻坚计划的目标任务进行具体落实，并按照四川省的要求，建立并完善“六有”信息管理平台。

3.3.1.2　建立了产业扶贫机制，夯实精准扶贫的基础

产业发展是四川藏区精准扶贫的核心。建立并完善适合高原藏区产业扶贫机制，是实现精准扶贫目标的重要基础。课题组对四川高原藏区产业扶贫机制的情况进行了调查了解，发现以甘孜州、阿坝州为主的四川高原藏区具有地理生态特殊、气候恶劣、生态脆弱等特点，农牧产业是其传统基础产业。2017年四川高原藏区产业发展大都依托农牧产业，发展农牧产业的深加工，同时结合生态保护发展旅游、绿色资源类产业，具有较高的同质性。所以，在建立、完善产业扶贫机制方面也具有共性。具体情况如下：

甘孜州属于高寒牧区，43%的贫困人口（85203人）集中在高寒牧区。因此，甘孜结合州情，确定了“一圈一带一走廊”的产业发展布局（即在东部环贡嘎山现代农业经济圈，重点发展种养基地；在北部生态特色农业产业带重点发展地道中药材、牦牛等优势产业；在南部特色农业走廊重点发展酿酒葡萄、藏猪、藏鸡等特色产业），“提升东部、突破南部、推进北部”，大力发展现代农牧业、中藏药产业，不断壮大基础产业；突出全域旅游带动，提高旅游服务产业发展水平；突出生态能源、矿产驱动，做大做强工业经济。同时结合生态扶贫，积极培育龙头企业、农民专业合作社、家庭农场、家庭牧场等农牧业经营主体，着力打造“圣洁甘孜”品牌，主推10大特色产品。通过产业发展、产业扶贫机制的建立和完善促进新型农牧业经营主体的培育及成长；通过新型农牧业经营主体的培育及成

长，充分带动农牧民、贫困人口脱贫致富。

阿坝州也同属高寒牧区，具有地理环境特殊、气候条件恶劣、自然灾害频发、自然资源丰富等特点。阿坝州依托资源优势，立足传统的农牧基础产业，紧紧围绕建设川西北生态经济示范区，大力发展生态农牧业、清洁能源和文化旅游等特色产业，同时进一步完善产业扶贫机制。

3.3.1.3 建立了扶贫帮扶机制，扶贫攻坚由“大水漫灌”到“精确滴灌”

（1）四川高原藏区围绕“五个一”，建立干部驻村扶贫帮扶机制的基本情况

甘孜州、阿坝州按照四川省委、省政府出台的《贯彻<关于创新机制扎实推进农村扶贫开发工作的意见>实施方案》中关于强化干部驻村帮扶机制的要求，依据《四川省干部驻村帮扶工作方案》，建立并完善了“五个一”（安排1名包村的县级干部、组织1个帮扶单位、组建1个驻村工作组、下派1名机关干部任村支部“第一书记”、下派1名农技人员到村，共同帮扶一个贫困村）帮扶机制。例如，调研组调查了解到，甘孜州从州委到县（市）主要领导高度重视干部驻村帮扶，加强领导、率先垂范。从省直部门领导、州级领导、县（市）级领导到乡（镇）机关都分别明确联系帮扶的贫困村，确定全州每个贫困村的脱贫攻坚都有领导负责。同时，还安排省、州、县（市）领导分别联系2~6户贫困户，对其脱贫任务一抓到底。另外，加强组织保障、强化制度建设。甘孜州成立了由州委常委、组织部长任组长的“甘孜州干部驻村帮扶工作协调小组”，具体落实全州每个贫困村驻村工作组的组建及运行情况，做到从州、县（市）到贫困村的“五有”（有机构、有人员、有经费、有场地、有手段），构建层层抓落实的工作格局，确保干部驻村帮扶工作有效推进。在制度建设方面，甘孜州出台了《建档立卡贫困村“第一书记”管理办法（试行）》《关于进一步发挥“第一书记”作用的通知》《驻村工作专项小组工作规则》《干部驻村帮扶工作考核办法》和《第一书记召回机制》系列文件，从制度上确保干部驻村帮扶机制有效运行。阿坝州以“五个一”为核心，建立了干部驻村帮扶机制。除

重视领导工作、组织保障和制度建设以外，阿坝州尤其关注第一书记的选派，这在力促干部驻村帮扶工作中，起到了“精确滴灌”的作用。

（2）四川高原藏区社会参与扶贫开发情况的调查

① 四川高原藏区对口帮扶的情况调查。一直以来，中央和四川省委、省政府高度重视四川高原藏区的脱贫攻坚工作，对其进行了长期的、持续的对口定点扶贫和对口援助。2010年，四川省委、省政府实施了“千人干部人才援助藏区行动”，先后分两批向四川高原藏区选送1078名技术型、管理型干部人才，到当地开展援助服务工作。2012年，四川省委、省政府作出了对口支援四川高原藏区经济社会发展的决策部署，实施了“7+20”对口支援四川藏区经济发展的行动，即安排经济相对发达的成都市、攀枝花市、泸州市、德阳市、绵阳市、乐山市、宜宾市7个市对口支援阿坝州、甘孜州的20个四川藏区贫困县，助推藏区发展。2016年8月，四川省委、省政府印发了《四川省省内对口帮扶藏区彝区贫困县工作方案》，并决定在原有“7+20”对口援藏总体不变的基础上，由经济基础较好、财政实力较强的攀枝花、泸州等7个市和彭州市、翠屏区等35个县（市、区），对口帮扶四川高原藏区32个县（市）、2063个贫困村、25.9万贫困人口，尤其是188个极度贫困村。通过结对帮扶，精准发力、精准施策，确保贫困村的贫困人口脱贫。

② 四川高原藏区东西扶贫协作的调查。“十二五”期间，东西扶贫协作的定点扶贫，使四川高原藏区得到了浙江省、广东省的定点、对口援助（浙江省援助阿坝州和木里县，广东省援助甘孜州），在产业发展、新村建设、公共服务和人才培训等方面得到了大力支持，促进了四川藏区的经济发展。“十三五”期间正是四川藏区脱贫攻坚的关键时期，东西协作需要进一步加强，浙江、广东等经济发达的省份将继续帮扶高原藏区发展经济、脱贫致富。

3.3.1.4　建立了财政扶贫资金管理、金融服务扶贫开发机制，筹集并高效使用扶贫攻坚资金

（1）四川高原藏区建立了财政专项扶贫资金管理使用机制，把扶贫资

金用到脱贫攻坚的“刀刃”上

作为集中连片的特困地区，四川高原藏区一直是中央财政、四川省财政扶贫支持的重点。为了更好地使用有限的财政专项扶贫资金，甘孜州、阿坝州等按照财政部、国家发展改革委和国务院扶贫办共同制定的《财政专项扶贫资金管理办法》和四川省政府出台的《四川省财政专项扶贫资金管理办法》，结合各州情况，建立了财政专项扶贫资金管理使用机制。在调研中，课题组了解到：甘孜州、阿坝州高度重视财政专项扶贫资金的管理和使用，从管理机构、扶贫项目选择、地方财政资金的配套到资金使用程序等环节严格把关，把责任、权力、资金、任务“四到县”，推动扶贫项目竞争立项，管好扶贫资金，力争使数量有限的专项扶贫资金的效用最大化。例如，甘孜州对扶贫资金的管理机构进行了整合，把原有的扶贫开发办、以工代赈办、藏区两资办进行“三合一”，改为“扶贫开发办”。机构合并精简了人员，降低了成本，但并未在扶贫资金的管理上降低要求。州扶贫开发办在扶贫资金管理上严格采取了“四关制”，即项目调研关、项目选择关、资金使用监督关、项目验收和绩效评估关，按公开、公告、公示的程序管理，全面实施“扶贫阳光”工程，同时县（市）级财政积极给予资金配套支持，争取扶贫项目，管好扶贫资金，把有限的扶贫资金用到脱贫攻坚的“刀刃”上。

（2）四川高原藏区按照四川省委、省政府出台的财政金融精准扶贫互动政策，积极建立金融服务扶贫开发机制

扶贫资金的短缺一直是四川高原藏区脱贫攻坚的拦路虎。通过调研，课题组了解到：甘孜州、阿坝州按照四川省委、省政府出台的财政金融精准扶贫互动政策，结合各州情况，以产业发展、精准扶贫为目标，围绕“金融产业、信贷增量、定向贷款、融资分险、融资担保和基础金融服务”六大方面，积极主动地建立各州的金融服务扶贫开发机制。甘孜州鼓励农村金融组织发展，大力支持农村信用社改革和金融机构在贫困县设立分支机构，主动统筹整合支持产业发展、扶贫开发的财政资金，纳入财政金融互动政策，用财政金融互动政策撬动精准扶贫。阿坝州高度重视新型农村金融组织的发展，对由原银监会批准新设的农村金融机构，一次性给予

不高于300万元的补助，补充注册资本；对符合条件的新型农村金融机构，按当年贷款平均余额的2%给予补助；对改制组建农村商业银行的农村信用社，给予一次性的财力补助。另外，在债权融资、股权融资和资产证券化方面，阿坝州政府也出台了具体的支持政策。这些方式和措施既加强了财政金融互动，更有助于四川高原藏区扶贫资金短缺问题的解决。

3.3.1.5　建立了扶贫开发工作考核机制，强化督导考核，提高脱贫成效

为了更好地贯彻落实国务院出台的《关于创新机制扎实推进农村扶贫开发工作的意见》，2014年，四川省委、省政府制定了《四川省贫困县农村扶贫开发工作考核办法（试行）》（以下简称《考核办法》），对“四大片区”等88个贫困县进行分类考核，取消对限制开发区域和生态脆弱的国家扶贫开发工作重点县的GDP考核，建立科学有序的贫困县退出机制。为此，四川高原藏区（甘孜州、阿坝州等）由主要考核GDP向主要考核农村扶贫开发工作成效转变，“五大扶贫工程”、12项重点工作、脱贫及贫困人口生活改善情况等成为考核的重点。四川高原藏区各级政府结合实际情况，建立了扶贫开发工作考核机制。

例如，甘孜州按照四川省委、省政府相关政策规定，首先建立了脱贫攻坚“1库6制”（扶贫攻坚综合信息库和咨询评估督查制、上下衔接制、数据监测精准制、考核评价制、社会力量参与制、行业扶贫考核制），完成了《甘孜州农村扶贫开发实施办法》《甘孜州贫困对象退出实施细则》等制度和办法的起草工作，健全了州脱贫攻坚办公室与各县（市）、州级各部门间的“信息共享、沟通联络、业务指导”三大机制，完善了“周报月会”和月通报等工作制度。其次，建立了督查工作制度。主要针对贫困户识别、“六有”信息的录入、扶贫开发重点工作的推进情况等展开专项督查；由州、县（市）领导牵头，抽调州、县级部门业务骨干，组成27个督导工作组，对281个贫困村开展的“脱贫攻坚工作推进情况”进行全方位综合性督查；通过召开专题会、现场推进会和工作例会等形式开展会议督查，确保扶贫攻坚工作稳步推进。甘孜州、阿坝州的情况大体相似，主

要依托四川省委、省政府出台的《考核办法》，以四川省脱贫攻坚领导小组和国务院扶贫办的相关要求为指导，结合各州出台的农村扶贫开发实施办法和贫困对象退出实施细则，督查扶贫攻坚工程的进展情况，检查贫困村、贫困户在“两不愁、三保障”“三有”“四好”等方面的达标情况，同时积极聘请独立的第三方对扶贫开发工作情况进行评估，建立检查、督导和第三方评估相结合的扶贫开发工作考核机制。

2016年，四川省“先行先试、探索经验”，制定出台了《脱贫攻坚年度考核办法》和《实施方案》，并在《脱贫攻坚年度考核办法》《实施方案》的基础上，分类制定17个《实施细则》，形成了“1+1+17”考核评价体系，既强调脱贫攻坚的时间进度，也强调脱贫攻坚的质量效益。作为四川省扶贫攻坚的重点区域，四川高原藏区是四川省督导和考核的重点，如何更好地完成四川藏区脱贫攻坚任务是现阶段的重要工作。所以，甘孜州、阿坝州结合新出台的“1+1+17”考核评价体系，正积极完善扶贫开发工作考核机制。

3.3.2 四川高原藏区精准扶贫机制成效的情况调查

3.3.2.1 贫困对象精准识别，成效显著

精准扶贫是解决扶贫开发工作中底数不清、任务不明、成效不佳等问题的重要途径，要精准扶贫，就必须精准识别。四川高原藏区建立贫困对象精准识别机制，有效解决了贫困对象不清、扶贫目标任务不准等问题，成效显著，其贫困对象精准识别工作于2014年11月顺利完成。截至2013年末，四川藏区有贫困人口32.035万人，占四川省贫困人口比重的5.32%；贫困发生率为16.63%，高出四川省贫困发生率7.33个百分点（见表3-3）。

表3-3　2013年四川藏区贫困人口规模及贫困发生率

行政区域	2013年农村人口户籍数（万人）	2013年农民平均纯收入（元）	贫困人口识别规模（万人）	贫困发生率（%）
四川省	6500.33	7895.33	602.00	9.30
甘孜州	93.97	5435.00	19.04	20.30

续表

行政区域	2013 年农村人口户籍数（万人）	2013 年农民平均纯收入（元）	贫困人口识别规模（万人）	贫困发生率（%）
阿坝州	71.49	6793.00	11.19	15.70
木里县	13.68	5960.00	1.8057	13.90

注：①根据四川省扶贫移民局官方网站数据整理而成；

②表中木里县的数据来源于2015年统计公报及年鉴数据。

3.3.2.2　精准帮扶，产业促进，贫困人口生产、生活条件明显改善

“十二五”期间，四川省委、省政府通过产业发展、扶贫攻坚项目集中投入，干部驻村帮扶、对口帮扶藏区、东西协作扶贫等综合施策，精准帮扶，使四川藏区农村贫困人口生产、生活条件得到明显改善，农牧民人均纯收入从2010年的3683元增长到2014年底的7742元。

在调研过程中，调查组了解到：甘孜州、阿坝州和木里县纳入国家《扶贫开发整村推进“十二五”规划》。2011—2014年共下达财政专项扶贫资金7.98亿元，每村补助100万元，实施798个贫困村整村推进项目，其中阿坝州188个、甘孜州336个、凉山州木里县97个，主要用于加强贫困村村内基础设施建设和农户产业扶持。“十二五”期间，针对四川高原藏区共实施扶贫攻坚项目32个，其中，阿坝州12个、甘孜州16个、木里县4个，共安排财政专项扶贫资金1.6亿元，每个项目补助500万元。重点建设道路、农牧业基础设施和产业发展。另外，新增专项财政扶贫资金投入阿坝州的大骨节病和甘孜州的包虫病等地方病综合防治项目，改善四川藏区医疗卫生条件，改善贫困人口生活条件，降低返贫率。

“十二五”期间，浙、粤、川的东西扶贫协作，对四川高原藏区的扶贫攻坚给予了很大的支持。浙江省、广东省对口帮扶四川高原藏区的扶贫项目资金2.98亿元，主要帮助四川高原藏区实施扶贫新村建设、人才培训、产业合作、公共服务等150多个项目的建设。浙、粤、川的东西扶贫协作，不仅促进了藏区的产业发展，而且改善了藏区贫困人口的生产、生活条件。

3.3.2.3 整合财政资金，强化金融服务，藏区减贫效果明显

四川高原藏区建立了财政扶贫资金管理、金融服务扶贫开发机制，强化了财政专项扶贫资金的整合力度，提高了扶贫资金的使用效率，这在“六大民生工程计划”的实施过程中体现得尤为充分。2013年启动以来，“六大民生工程计划”已累计投入扶贫项目资金170亿元。其中，2013年整合各级财政专项扶贫资金、投工投劳等各类资金48.5万元，2014年为67.36万元，2015年为52.66万元。这些整合资金的持续投入给藏区的新居建设、教育发展、医疗卫生提升、社会保障促进、文化发展繁荣、扶贫解困带来了明显改善。围绕产业发展和脱贫攻坚的金融服务需求也不断出现和增多，尤其是住房建设贷款、返乡创业就业贷款和扶贫小额信用贷款这三类贷款在四川高原藏区迅速增加，这样一来，财政金融互动需求也不断增加。通过财政背书增加信用力度，银企合作助力脱贫攻坚成为藏区财政扶贫资金管理、金融服务扶贫开发机制运行的一大亮点，在助推产业发展和脱贫解困方面效果明显。2015年末，四川高原藏区贫困人口减至28.94万人，贫困发生率较2013年减少了3.3个百分点。

3.4 四川藏区精准扶贫存在的主要问题

经过调研，课题组发现：经过多年的扶贫开发，四川高原藏区的社会经济发展迅速，城乡居民收入水平高于全省平均增速，其生活水平有了明显提高，贫困状况有了很大的改善，但仍然存在诸多问题。

3.4.1 四川高原藏区贫困面大、脱贫速度慢，扶贫攻坚任务繁重

四川高原藏区恶劣的自然环境和脆弱的生态使其贫困人口面广人多、集中连片。因此，尽管扶贫攻坚促进了经济发展，减少了贫困人口，但脱贫速度仍然缓慢，扶贫攻坚任务依然繁重。统计数据显示，2013年，精准识别的四川高原藏区贫困人口规模占全省贫困人口的5.32%；2015年，这一比例反而略有上升。四川高原藏区的贫困发生率较2015年下降了3.3个百分点，而全省的贫困发生率较2015年下降了3.5个百分点。显然，缓慢的脱

贫速度进一步加重了四川高原藏区扶贫攻坚任务的难度。

3.4.2　经济基础薄弱、产业结构单一、农牧民收入偏低，严重制约着精准扶贫

特殊的地理生态和恶劣的气候条件，使四川藏区经济基础薄弱，主要以传统的农牧业为支撑产业。资金投入有限、基础设施建设滞后、人才短缺，严重制约着第二产业在四川藏区的发展。尽管立足生态保护，与现代农牧发展相结合的新兴旅游业在四川藏区发展迅速，但项目资金、道路建设、同质性发展等问题也严重影响了这一新兴产业的发展。截至2016年末，四川藏区人均GDP为23814元，占全省平均水平的60%。显然，当地产业结构单一、经济发展滞后、辖区的农牧民收入普遍偏低等，严重制约着精准扶贫和脱贫攻坚。

3.4.3　贫困对象精准识别数据呈分块状态，缺乏大数据支撑，动态管理不够

尽管藏区已经建立了贫困对象精准识别机制，对贫困对象严格按程序识别，动态管理，但由于精准扶贫是一个复杂的系统工程，在贫困对象识别阶段、扶贫阶段和脱贫阶段，贫困对象会不断发生变化，这势必又会影响贫困对象的精准识别。2017年，贫困对象精准识别阶段的信息及数据与扶贫、脱贫阶段数据相对独立，呈分块状态，缺乏对精准扶贫数据的统一入库与及时动态更新管理，缺乏大数据建设和大数据分析的支撑，既削弱了贫困对象识别的精准性，也影响了贫困对象识别动态管理的有效性。

3.4.4　干部驻村帮扶、对口援助和社会扶贫缺乏统一规划，尚未形成合力

在四川藏区扶贫帮扶机制的运行过程中，干部驻村帮扶、对口援助和

社会扶贫对藏区的产业发展、精准扶贫起到了积极的推动作用。但是对干部驻村帮扶、对口援助和社会扶贫缺乏统一规划，导致藏区扶贫项目资金投放分散，有的地方甚至存在扶贫项目重复建设的问题，不仅无法形成精准扶贫的合力，还导致资源的浪费。显然，缺乏统一规划的扶贫帮扶，不能形成扶贫攻坚的有效合力，还会在一定程度上阻碍精准扶贫和脱贫攻坚的进程。

3.4.5 财政金融互动不够，渠道单一，对精准扶贫支持力度较弱

尽管按照四川省委、省政府出台的财政金融精准扶贫互动政策，四川藏区已建立了财政专项扶贫资金管理、金融服务扶贫开发机制，加强了财政与金融的互动，应对扶贫项目资金短缺的问题，但效果并不明显。2017年，通过财政背书增加信贷发放等财政撬动金融服务的方法和渠道都略显单一，财政与金融在具体业务和产品设计方面没有新的突破，没有有效解决扶贫资金的短缺问题，对精准扶贫支持力度不够。

3.4.6 扶贫项目选择不严谨，跟风现象严重，项目执行力差，投资效益偏低

近年来，四川藏区各级政府在扶贫开发的项目选择时，在农牧区推行“参与式扶贫”，鼓励农牧民参与到扶贫开发中，通过产业发展实现脱贫致富。但是四川藏区大部分贫困户文化程度较低，参与意识薄弱，“等”“靠”“要”的思想严重，他们喜欢技术含量低、经济效益好、“短平快”的扶贫项目，一见到有的农牧民项目赚钱了，就一哄而上，一旦出现亏损或遇到挫折就马上退出。这样，当地的扶贫项目还是主要围绕熟悉的传统农牧业开展，一般集中在养殖和种植两个方面，在交通便利的地方也开始发展乡村旅游、商贸集市。总体来说，四川藏区的扶贫项目产业分布单一，项目执行力较差，投资效益不理想，缺乏持续性。这就决定了农牧民收入来源单一，整体收入偏低。因此，扶贫项目难以培养贫困户的自我发展能力，贫困户返贫现象严重。

3.5　四川藏区完善精准扶贫机制、脱贫攻坚奔小康的政策建议

通过与四川高原藏区的政府主管部门、村干部和农牧民的座谈和走访，课题组深切感受到藏区的农牧民和基层干部对产业发展、精准扶贫反映最为强烈，他们非常希望由政府引导，建立以产业发展为核心，汇集各方扶贫帮扶力量，科学规范精准扶贫运行的健康良性机制，更好地发挥扶贫攻坚的作用，帮助贫困户脱贫致富，实现全面小康。

3.5.1　调研结论

通过对四川藏区精准扶贫机制运行问题的调研，我们可以得出以下结论。

（1）四川藏区建立了以“精准”为前提的精准扶贫机制

四川藏区尤其在贫困对象的精准识别方面，已按照国务院扶贫办和四川省的要求建立了“六有”信息平台，明确了精准扶贫的任务。

（2）四川藏区贫困问题依然严峻

由于地理生态特殊、自然环境恶劣，四川藏区贫困人口面广人多，集中连片，不仅属于四川省最贫困的“四大片区”，也是全国脱贫攻坚的重点区域，脱贫攻坚任务十分繁重。

（3）四川藏区五大精准扶贫机制的建立，运行良性，成效显著

四川藏区立足于实际情况，已经建立了贫困对象精准识别、产业扶贫、扶贫帮扶、财政资金管理与金融服务、扶贫开发工作考核等机制，这些机制的建立和良性运行，确保了四川藏区精准扶贫的稳步推进，精准扶贫成效明显。

（4）四川藏区要继续完善精准扶贫机制，彻底解决藏区贫困问题

尽管四川藏区精准扶贫在产业发展和脱贫解困方面取得了不俗的成绩，但脱贫任务依然繁重，产业发展仍需努力。尤其是在贫困对象识别、扶贫、脱贫三个环节还需严格地动态管理，力求全程精准。另外，精准扶贫机制还需进一步完善，要以完善、良性的机制确保扶贫精准、脱贫精

准，彻底解决藏区的脱贫问题。

3.5.2 对策建议

基于课题组调查研究的结果和结论，综合考虑四川藏区精准扶贫的现实需求，就完善四川藏区精准扶贫机制，脱贫攻坚奔小康提出以下政策建议：

（1）整合扶贫资金，加大对四川藏区基础设施建设的投入，调整产业结构，大力发展特色优势产业，夯实精准扶贫基础

首先，建议针对四川藏区基础设施薄弱、产业结构单一的现状，由政府牵头，整合扶贫资金，加大对藏区的交通、农牧业基础设施建设的投入。其次，调查产业结构，促使当地产业结构由传统农牧产业向现代农牧业转型，由传统的商贸业向以生态旅游、电子商务、“互联网+”为核心的现代服务业发展。最后，大力培育发展农牧民专业合作社、家庭农场或牧场、职业农民或牧民等新型农业经营主体，让这些新型经营主体充当特色优势产业发展的主力军，在发展产业、夯实精准扶贫基础的同时，带动贫困户脱贫致富。

（2）加大精准扶贫大数据的建设，用大数据支撑四川藏区扶贫的“精准”，力求“真扶贫，扶真贫”

建议省级政府牵头，组建机构或与四川省大数据中心等第三方机构合作，对涉及贫困对象识别、扶贫和脱贫等全程的信息数据进行大数据建设，通过对精准扶贫大数据的收集、挖掘和分析，支持四川藏区精准扶贫每一个环节的“精准”，实现对精准扶贫从贫困对象识别到脱贫的全过程动态、准确地管理，真正做到“真扶贫，扶真贫”。

（3）加强规划引领，用统一规划和统筹凝聚各方的扶贫帮扶力量，形成扶贫帮扶的合力

建议由省级政府对各方扶贫帮扶力量统一规划，统筹安排干部驻村帮扶、对口援助藏区、东西扶贫协作和其他社会扶贫等各方扶贫力量。整合资源，统一规划，合理布局，让各方帮扶力量形成合力，避免项目重复建设，杜绝资源浪费。让每一份帮扶藏区的爱心都能落到实处，转化为脱贫

致富的成果。

（4）完善财政金融互动机制，力促财政撬动金融渠道多元化，在业务发展和产品设计上力求新突破，解决扶贫资金的“瓶颈”问题

建议从顶层设计上解决财政撬动金融渠道多元化的问题。有政策和制度支撑，四川藏区各级政府可以用部分财政资金撬动金融资本、社会资本参与，组建扶贫产业发展基金；可以用财政信用背书，创新适用于贫困户创业的各类信用贷款或其他融资产品；可以将部分财政专项扶贫资金通过金融服务的渠道投入扶贫开发项目；还可以从业务拓展和产品设计上将财政、金融结合起来，用于扶贫开发项目的融资。通过财政金融互动渠道的多元化、产品和业务的创新与突破，解决扶贫资金的“瓶颈”问题，更好地服务于藏区的精准扶贫。

（5）借助大数据支持，科学筛选扶贫项目，建立、完善扶贫项目考核制度，用制度增强扶贫项目的执行力，提升项目的投资效益

建议借助精准扶贫大数据的支持，根据四川藏区扶贫需求，科学合理地筛选扶贫项目，同时，由政府引导，通过帮扶机制、扶贫项目考核制度强化扶贫项目的执行力，提升扶贫项目的投资效益。另外，建立贫困户与扶贫项目的利益联结机制，贫困户可以通过土地经营权入股、投工投劳等方式参与扶贫项目，利益分配可适度向贫困户倾斜，通过扶贫项目持续良性地运行，实现扶贫项目的收益，带动贫困户脱贫致富。

（6）加强教育投入和智力扶贫，从基础教育与职业培训方面入手，加快贫困地区中心村的建设，提升贫困户的文化水平和技术能力

建议加强四川藏区教育投入和智力扶贫，以贫困地区的中心村为基地，整合教育资源，加大校舍等基础设施建设和师资培训力度，全面落实15年制免费教育和“9+3”免费教育计划，重点抓适龄儿童入学与辍学问题，从贫困地区的基础教育入手，提升其文化水平。另外，针对四川藏区现有贫困户的劳动力，依托中心村，借助智力扶贫，积极开办农牧民夜校。以夜校为平台，开展精准扶贫的职业技术培训、开展农牧业技能培训、开展农牧业信息网络知识和农牧产品电子商务技能培训等。通过基础教育和职业培训两手抓，全面提升藏区贫困户的文化水平和职业技能。

参考文献

[1]帅传敏.中国农村扶贫开发模式与效率研究[M].北京:人民出版社,2010.

[2]张文秀.西部少数民族牧区新农村建设研究[M].北京:中国农业出版社，2012.

[3]王丽华.农村反贫困与就业援助专项制度建设研究[M].北京:民族出版社,2012.

[4]姜爱华.我国政府开发式扶贫资金使用绩效的评估与思考[J].宏观经济研究,2007(6).

[5]蓝红星.中国牧区经济社会发展的现状及对策研究[J].西南民族大学学报（人文社会科学版）,2012(11).

[6]李凤荣.青海省泽库县藏区农牧区扶贫开发与农村最低生活保障有效衔接的调查[J].社会保障研究,2012(2).

[7]袁朱,等.我国扶贫开发专项资金分配研究[J].发展研究,2013(6).

第4章 “互联网+农产业”扶贫的案例研究
——以湖南省安化县黑茶产业扶贫为例

侯智先[①]

摘　要　本章对湖南省安化县发展黑茶产业扶贫的实际案例进行分析，研究安化县黑茶产业扶贫模式和脱贫路径。以“公司+基地+农户”和“合作社+基地+农户”为安化县“互联网+农产业”扶贫模式的具体实现形式，分析了其脱贫的路径和机制对贫困户的帮扶作用，并对安化县的黑茶产业扶贫模式进行了总结。以安化县成功运用“互联网+黑茶产业”扶贫的经验为依据，本章最后提出了运用“互联网+农产业”模式扶贫的四点政策建议，即：加强“互联网+农产业”扶贫的“软件、硬件”基础设施建设、培育带动能力较强的龙头农产业企业及合作社；发挥“互联网+农产业”扶贫的优势并抓住各种机遇；提高政府运用“互联网+农产业”扶贫能力并建立针对性的产业扶贫制度安排和组织结构；建立良好的脱贫路径和紧密的脱贫利益连接机制，保证实现贫困户利益最大化。

关键词　“互联网+”；农产业；扶贫；安化黑茶

---

① 侯智先(1995—　)，男，四川南充人，经济学硕士。研究方向：国民经济运行与调控。E-mail：18380486052@163.com。

资助项目：2018年中央高校基本科研业务费专项资金优秀学生培养工程项目“‘互联网+农产业’的脱贫模式研究——以湖南安化县黑茶产业为例”(2018YXXS24)。

4.1 引言

党的十八大召开后，以习近平同志为核心的党中央领导全体成员将全面脱贫视为治国理政的重要内容，脱贫工作得到了前所未有的重视（项继权、周长友，2017）。党的十九大会议上，习近平总书记再次提出要“真扶贫，扶真贫”，因此，脱贫攻坚仍然是中国未来两年经济社会发展的重要内容，如何让中国实现高效和高质量全面脱贫是一个值得研究的问题。显然，中国过去的扶贫实践已经取得了巨大的成功，这不得不归功于采取了良好的扶贫模式，其中产业扶贫是一种有利于精准扶贫的模式，扶贫效果明显。国内学者对产业扶贫的研究相当广泛，蒋永甫、莫荣妹（2016）指出，在众多政府参与的扶贫模式中，利用农业产业化发展实现精准扶贫是一条重要路径。古川、曾福生（2017）对产业扶贫利益联结机制的构建进行了研究，认为产业扶贫存在贫困户缺少原始资本、人力资本和内生发展动力不足的问题，也存在扶贫主体之间差距较大、信息不对称及目标不一致的问题。闫东东、付华（2015）采用博弈理论对龙头企业参与产业扶贫的行为进行了研究，通过构造龙头企业群体行为选择博弈模型，分析出龙头企业博弈产生的纳什均衡和应该采取的最优决策，构建了龙头企业与政府之间的博弈矩阵，对其占优策略进行了分析。马楠（2016）对民族地区特色产业精准扶贫进行研究，分析了民族地区特色产业扶贫带来的价值，认为产业扶贫精准化的关键是产业发展方向要精准、市场稳定发展的政策要精准以及扶贫成果保护要精准。刘北桦、詹玲（2016）认为，农产业扶贫是重要的扶贫方式，并对农业产业扶贫存在的困难和问题进行了分析，认为扶贫要精准化、要选特色产业、要建立良好的利益连接机制等，从而更好地实现脱贫目的。陈希勇（2016）认为，发展特色产业是山区脱贫的重要方式，充足的特色产业资源是扶贫的物质基础，产业扶贫有利于产生更好的社会效益和生态效益，并分析了产业扶贫中出现的产业发展定位不准确和产业发展的政策不精确的问题。他提出要瞄准产业发展定位，不断完善产业发展政策以及建立可持续的脱贫之路。

本章在借鉴前人研究的基础上对“互联网+农产业”的扶贫模式进行了案例研究，不仅强调了农产业起到的扶贫作用，而且指出了互联网在扶贫过程中所起到的辅助性作用。大多数国内学者将农产业扶贫的研究重点放在农产业扶贫出现的问题、脱贫路径、利益连接机制以及脱贫政策的研究上，很少同时强调互联网的脱贫作用，实际上在发展农产业进行扶贫的过程中，发挥关键作用的是互联网，如果没有互联网带动农产业的发展，就无法实现脱贫目的，因此本章的创新之处在于不仅研究和突出农产业所具有的扶贫作用，而且分析了“互联网+农产业”共同带来的扶贫效果和作用。以湖南安化县发展互联网黑茶产业为例，分析“互联网+农产业”模式扶贫的具体应用，总结其扶贫经验，进而提出针对性的政策或建议，为实现“互联网+农产业”模式的扶贫成效性提供依据，不仅对打赢脱贫攻坚战具有重要意义，而且对形成可持续性发展的脱贫模式具有重要意义。

4.2 安化县“互联网+黑茶产业”扶贫的实现路径及效果

安化县黑茶产业扶贫建立在互联网基础上，黑茶产业扶贫过程中对互联网的运用主要体现在前期对黑茶产业的发展及黑茶的销售上，通过网络大力宣传和销售黑茶，让不断扩大的网络黑茶市场倒逼黑茶产业的发展，形成许多龙头黑茶企业和合作社，进而实现“黑茶企业+基地+农户”的扶贫模式和“合作社+基地+农户”的扶贫模式。没有互联网的运用，安化县黑茶产业不可能发挥巨大的扶贫作用，因此互联网是黑茶产业脱贫的关键。安化县对互联网的发展主要通过三个步骤完成。

首先，大力建设互联网基础设施，最近5年建设了2000多个三大网络运营商的通信基站，实现全县村村通宽带和广播。其次，建立互联网交易平台，建立了安化县电子商务运营中心以及乡镇和村级（社区）综合服务社三级电商服务体系，专门建立网络平台，开展网上小额信贷、农资采购、农产品销售等服务，与供销e家、淘宝网、邮政邮乐网等合作，打造“特色中国·安化馆”等网上平台，吸引了3000多家商户入驻；制定了《安化县电子商务产业发展规划（2017—2019年）》和《安化县电子商务进农村综合示范建设实施方案》等政策文件。最后，进行互联网人才培训，每年培训电商人员6000人次以上。同时，物流配送体系的改善对安化县互联网交易起到了重要的作用。安化县以邮政为主体，将村民服务中心与电子商务村级服务中心、村级代投中心有机结合，与邮政及安化本土物流公司、顺丰、中通、圆通等实行战略合作，以村民服务中心为阵地，将县城快递包裹直接配送到村，将农村农副产品直接运送到县。通过这些措施，安化县的互联网交易迅速发展起来，黑茶企业借互联网打开了黑茶的网上销售市场，不断发展壮大，积累起带动贫困户脱贫的实力和基础。黑茶产业借助互联网发展起来后，龙头企业及合作社纷纷加入安化县扶贫行动中，形成“黑茶企业+基地+农户”模式以及“合作社+基地+农户”模式，具体实现方式如下：

4.2.1 “黑茶企业+基地+农户”模式

安化黑茶企业与贫困户开展“四包一不变”合作，即包茶苗供应、技术指导、资金扶持、茶叶收购，茶农基地权属不变。这种合作形式能够实现贫困户三次就业，从而产生三次收入的帮扶作用。首先，公司为农户提供茶叶种植、管理工作实现第一次就业；其次，鲜叶的采摘、黑毛茶初制加工为贫困农户提供第二次就业机会；最后，贫困户到茶企从事制茶、包装、拣梗、销售等工作，实现第三次就业，更可能达到脱贫目的。例如：安化华莱生物科技有限公司建立了扶贫车间、推出了扶贫产品和成立了扶贫基金。扶贫车间安排121名贫困户就业，人均年收入3万元以上；扶贫产品“富民茶”，每卖出1元茶叶将会为扶贫基金捐5元，基金由县扶贫局和华莱公司共同管理。这种扶贫模式的特点是通过互联网与茶产业相结合，实现公司生产经营和销售的提档升级，在发展壮大公司自身经营规模和提高管理效率的基础上，公司拿出一部分资金带动贫困户脱贫致富。这种模式要求公司资金雄厚、技术先进、规模大、管理效率高、信息渠道广、带动作用强。这种扶贫模式有利于实现小生产与大市场的对接、有利于生产要素的流动和组合、有利于农业的规模经营和技术进步、有利于提高农业生产的组织化和商品化程度、有利于提高贫困农户的比较收益和保护农民利益（牟大鹏，2004）。

4.2.2 “合作社+基地+农户”模式

安化县黑茶合作社扶贫模式的实现依赖于三种扶贫机制：一是通过贫困户与合作社签订协议，将土地流转给合作社发展茶叶种植基地，贫困户获得土地流转资金；二是农户按照合作社的要求，从事茶叶的种植、加工、销售等工作，获得务工收入；三是加入合作社的农户按照入股比例对合作社的盈利进行分红，从而获得收入。安化县成立的黑茶专业合作社分为两类，一类是自身实力弱小的合作社，自身没有黑茶销售网络，一般将茶叶进行初加工后卖给大企业进一步加工，充当黑茶企业与农户的中间交易人，这样既解决了贫困户发展茶产业过程中的难题，又满足了黑茶企业对收购茶叶的质量和品质要求。另一类是一些实力较强的合作社，它们不仅提供上述服务，而且建立自有的黑茶加工厂，成立了自己的黑茶企业，注册自有黑茶品牌，借助互联网实现自身的黑茶产品销售。例如，安化县黄石村茶叶种植合作社注册安化黑茶品牌“禾茯”，自己推广销售，通过互联网将产品信息发布到网上，将黑茶产品放到网上销售。这种“合作社+基地+农户”的扶贫模式十分接地气，与农户的利益连接紧密，整个茶叶产业利益所得与农户共同分享。世界各国的发展表明，合作社在减少失业率、扶贫与建设和谐社会方面发挥了不可替代的作用（邓衡山、王文烂，2014）。合作社的宗旨是服务全体成员，天然具有“益贫性”，一直是扶贫的理想工具和手段，也被认为是最有效率的扶贫经济主体（刘俊文，2017）。合作社的这些本质特征决定了“合作社+基地+农户”的模式能够为安化县带来较好的脱贫效果。

4.2.3 安化黑茶产业扶贫效果分析

安化黑茶产业对安化县扶贫效果明显。安化县80%的贫困农户种有茶园，2014—2016年，安化黑茶产业帮助5万余人脱贫。截至2014年底，安化县贫困人口由1993年的65.3万人减少到13.31万人，20年间减少贫困人口

52万人，减少了总贫困人口的79.6%，年均减少2.6万人，农民人均可支配收入由1993年的677元增加到6196元。2015年安化县扶持了1956户建档立卡贫困户发展特色黑茶产业，全年共减少贫困人口26753人，贫困发生率为11.6%，比2014年下降了3.9%。2016年，安化县建档立卡贫困村130个，全年脱贫人口25475人，脱贫比例为总人口的2.79%。2017年安化县总共退出26个贫困乡镇，65个贫困村，全年总计10424户39963人脱离贫困，占总人数的4.38%，截至2017年底，安化县还有48565名贫困人口。从上面的数据可以看出，安化县贫困程度较深，贫困人口数量多，同时扶贫成效显著，平均每年脱贫人数达到2万多人，这些脱贫人口中有绝大部分是通过发展茶产业脱贫的，因此黑茶产业扶贫成效显著，扶贫力度大，扶贫效果好。表4–1所示为2014—2017年安化县脱贫人数统计表。

表4–1　2014—2017年安化县脱贫人数统计

项目	2014	2015	2016	2017
脱贫人口（人）	13180	26753	25475	39963
脱贫比例（%）	1.14	2.93	2.79	4.38

注：①资料源于益阳市统计信息网，http://www.iytj.gov.cn/yytjxxw/index.htm；

②2014年脱贫人口仅为因黑茶产业脱贫人数。

4.3　安化县黑茶产业扶贫经验总结

通过梳理和分析安化县发展黑茶产业扶贫的过程和成效，发现其扶贫效果好、脱贫人员多的经验或原因主要有以下几点：

第一，得益于安化县的地理和产业优势。俗话说“打铁还需自身硬”，安化县能利用黑茶产业实现快速脱贫是建立在其黑茶产业发达、黑茶企业实力雄厚和黑茶产业发展后劲充足的基础上的。首先，安化县黑茶种植历史悠久，自晚唐五代时期就有“渠江薄片，一斤八十枚”的记载。茶业种植的历史悠久主要归功于其独特的地理环境，高寒地区适合茶树生长，山崖水畔茶树不种自生。悠久的黑茶种植和加工历史以及优越的地理环境，使当地黑茶加工工艺精湛、茶文化丰富、黑茶产业发达，而且贫困人口生活地区与黑茶种植地区相吻合，这样更加有利于贫困户发展黑茶产业脱贫。其次，安化县黑茶产业扶贫的帮扶主体一般是黑茶的龙头企业，如湖南华莱生物科技有限公司、白沙溪茶厂等实力较强的公司，这些公司规模上亿元，特别是华莱生物科技有限公司占据安化黑茶产业的半壁江山，年收入和税收均遥遥领先于其他茶叶公司，是名副其实的龙头企业。这些企业资金雄厚，带动能力强，吸纳产业就业人数多，有资金也有能力带动贫困户从事黑茶产业实现脱贫。

第二，得益于互联网的运用。安化县黑茶产业在扶贫初期规模较小，没有起到太大的扶贫作用，后来随着黑茶产业规模的扩大，扶贫的力度和作用也随之增加。安化县黑茶产业发展的动力一部分源于黑茶消费市场的扩展，另一部分源于黑茶生产加工规模的扩大。前者属于产业扩张的需求拉动作用，后者属于产业扩张的供给推动作用，而安化县黑茶产业的需求增加得益于互联网的运用。通过大力建设互联网基础设施，建立互联网销售平台，培养互联网销售人才，完善互联网物流配送体系，安化县逐步建立起一个互联网大县，打开了黑茶产业与黑茶消费者直接沟通和销售的渠道，互联网黑茶市场的规模不断扩张，进而倒逼黑茶产业的发展壮大，形成具有规模效益的龙头企业和许多开展互联网黑茶销售的公司，在产业规模扩大的同时，就业人数也随之增加，对扶贫所起的作用也越来越大。

第三，抓住了好的机遇。首先，抓住了政策机遇。精准扶贫以及供给侧结构性改革出台的一系列政策加大了对涉农资金的支持和补贴力度，加大了对农业、农民、农村“三农”问题的解决，安化县政府抓住这些政策机遇，为贫困户发放扶贫资金，发展黑茶产业。其次，抓住了市场机遇。安化黑茶企业抓住了互联网黑茶销售市场较大而且前景广阔的机遇。2017年安化县被选为100个在电商扶贫活动中具有特色的国家级贫困县，这100个贫困县参加了为期十天的打造“一县一品”的电商扶贫活动，即通过新闻报道、网络直播、视频展播等形式，在十天内推荐贫困县最需要销售的农产品，安化黑茶仅在十天内就以销售额1577.67万元位居榜首，可见黑茶网络销售的市场十分巨大。安化黑茶企业正是抓住了互联网销售的机遇，通过自建网上黑茶销售平台或借助第三方销售平台，打通了网上销售渠道，利用互联网将贫困户生产的茶叶销售出去，解决了产业扶贫的销售难题，从而能够顺利实现扶贫目标。另外，人们的健康意识有所提高，健康产品受到欢迎，安化县抓住了其带来的市场机遇。黑茶有益于身心健康，例如，具有调节血压和血糖平衡、延缓衰老、美容、预防癌症等功效。因此，安化黑茶抓住新的市场需求，打出“健康牌”，在生产、加工和宣传上都融入了大量健康元素。最后，抓住了科技创新机遇。2017年国家实施创新驱动发展战略，科研人才越来越多，科研能力逐步加强，科技创新成果不断出现。安化县政府和黑茶企业抓住科技创新机遇，积极与高等院校和科研机构等进行产、学、研合作并取得良好效果。例如，安化县政府与湖南农业大学进行科研合作，2016年，刘仲华教授领衔主持的“黑茶提质增效关键技术创新与产业化应用”项目获得国家科学技术进步二等奖。2016年，安化黑茶累计申请国家专利260项，其中发明专利40项。这些科研和创新成果应用于安化黑茶产业的发展建设中，极大地提高了当地黑茶的科技含量和产品品质，有利于从生产、销售、品牌等方面提高黑茶的竞争力，对顺利实现黑茶产业扶贫起到了辅助作用。

第四，政府制定了好的制度，组建了得力的组织结构，起到了大力帮扶与支持作用。首先，安化县专门成立了产业扶贫工作领导小组，并且先后出台了《安化县产业扶贫实施细则》《安化县扶贫小额信贷分贷统还操作管理办法》等规章制度，建立了县产业扶贫项目评审委员会专家库。更重要的是，将产业扶贫纳入绩效考核目标，安化县委常委会议和县政府常务会议每月会集中针对性地研究产业扶贫工作，及时解决产业扶贫过程中的困难和问题，每个贫困村成立产业扶贫协会，成立驻村帮扶工作队。其次，设立产业扶持基金1.8亿元，用于产业的培育发展，解决了贫困户的资金难题，通过这种方式扶持了2万多户贫困户发展茶园1.5万多亩。安化县政府为黑茶产业扶贫制定良好的制度，组织运营得力，制度是扶贫的软件，组织是扶贫的硬件，二者的结合让安化县能够利用黑茶产业高质量和高效率地实现扶贫。

第五，采用了较好的扶贫模式。安化县政府选定20家优质企业作为黑茶产业的带动龙头企业，采用“黑茶企业+基地+农户”和“合作社+

基地+农户”等模式，实施委托帮扶，这些模式十分接地气。一方面，这种扶贫模式能够让公司和合作社与贫困户的利益紧密连接，公司及合作社能够获得采用绿色方式种植的茶树长出的茶叶，保证了茶叶的原料供应品质，从而为生产出高品质、绿色无污染、健康的黑茶产品提供保障；另一方面，这些公司实力雄厚，规模大，扶贫积极性高，责任心强，公司利用大数据、互联网将传统黑茶产业与网络市场连接起来，实现生产资料的网上采购，实现黑茶生产的网络直播、黑茶产品销售网络化以及售后黑茶可网络溯源，让黑茶产业插上互联网腾飞的翅膀。这些模式强化了公司与农户以及合作社与农户的利益连接机制，并且实现了两者的互相依赖和协同发展，重要的是能够根据不同路径为贫困户提供多次就业和多次获得收入的脱贫机制，贫困户参与脱贫过程的机会较多，让扶贫工作更加客观稳定和高效。

4.4 关于“互联网+农产业”扶贫的政策建议

4.4.1 加强“互联网+农产业”扶贫的“软件、硬件”基础设施建设、培育带动能力较强的龙头企业

由前文的分析可知，许多贫困地区都是处于较为落后的山区，地理位置和条件相对较差，交通不发达，经济发展程度低，贫困程度深，最重要的是没有或者缺少规模大、带动能力强的农产业企业或农产业扶贫主体，缺少发展互联网农产业的人才、技术、资金和资源等。然而，发展农产业扶贫的前提是要有强大的产业基础，包括农产业的种植、加工、运输、包装、销售和质量保障基础。因此，要运用“互联网+农产业”模式扶贫，首先要发展壮大贫困地区的互联网和农产业。对于没有任何产业基础的贫困地区，应该在“硬件”上进行提升，逐步健全产业发展基础设施，包括加强道路交通设施建设、产业园和种植区土地规划和建设、物流系统建设、网络设施建设等；在“软件”上要培育一批懂农业、懂网络、爱农业和爱农民的互联网农业复合型人才，引进一批有经验、有技术和有能力的

专业人士，建立或加入农资采购网络，在网上发布农资信息，建立网上农产品销售平台，利用网络大数据、云计算、物联网等，逐步实现农产业的网络化生产管理，建立起“互联网+农产业”扶贫的产业基础。对于有产业基础的贫困地区，首先，根据其自身情况加强网络化和规模化产业发展的规划与建设，培育一批实力较强、资金雄厚、管理能力强的龙头企业做大做强农产业，依靠龙头企业带动贫困户发展农产业脱贫。其次，鼓励贫困户成立代表自身利益的农产业合作社，提高合作社的生产力、管理能力和经营能力，严格落实农产业合作社的产品质量标准，鼓励合作社建立自有农产品品牌，让农产业合作社发展壮大起来，实现“互联网+农产业”扶贫的飞速发展。

4.4.2 发挥“互联网+农产业”扶贫的优势并抓住各种机遇

首先，要发挥出“互联网+农产业”扶贫模式的精准识别和帮扶贫困户优势、通过产业造血功能带动当地经济发展优势、减少“填鸭式”扶贫资金的使用优势，提高扶贫资金使用效率优势和实现脱贫长效化机制等一系列优势。增加脱贫的信心和提高扶贫的效率，形成扶贫模式的良性循环发展状态。其次，要提高扶贫主体的技能，在扶贫过程中要善于抓住当前经济、社会和生态环境变化为“互联网+农产业”的扶贫模式带来的众多机会，挖掘潜在机遇。例如，经济供给侧结构性改革及乡村振兴战略出台的一系列有助于发展农产业和改善农村、农民、农业面貌的政策，为农产业扶贫带来政策机遇和资金机遇等。乡村振兴战略带来的潜在机遇包括国家对农村的关注会更多、农村的未来吸引力会增强、农民会更加富裕等，这些潜在机遇更有利于“互联网+农产业”的扶贫模式在未来得到广泛推广与发展。再次，社会生活水平的提高以及健康消费理念的变化带来的市场机遇也不可忽略，当前农产品总量很大，但质量较低，在运用“互联网+农产业”模式扶贫过程中要抓住消费由量变到质变的市场机遇。2017年土特产品在市场上供不应求，能买到这些高质量农产品的机会不多，因此在开展“互联网+农产业”扶贫过程中应该优先考虑发展土特产农业。最后，要抓住科技机遇，国家提出实施科技创新驱动发展战略，当前科学技术进步较快，科研实力有了明显提升，在开展“互联网+农产业”扶贫的过程中应该抓住科技机遇，与科研机构和高校合作，增加农产业扶贫对科研成果的运用，让科技力量作用于扶贫的全过程，以更好地达到脱贫的目的。

4.4.3 提高政府“互联网+农产业”扶贫能力并建立针对性的产业扶贫制度安排和组织结构

各级政府要提高运用互联网与农产业二者结合进行扶贫的能力。首先，要善于学习成功运用“互联网+农产业”模式扶贫的经验，既要发挥好农产业扶贫的基础性作用，又要善于发挥互联网对农产业扶贫的催化剂作用，大力促进互联网在农产业中的运用，让农产业扶贫更高效。其次，将互联网农产业扶贫纳入绩效考核目标，定期开展互联网农产业扶贫研讨会，重点解决扶贫过程中遇到的各种问题和发展规划扶贫内容。最后，政府要充分为互联网农产业扶贫提供组织保障、制度基础、物质基础、资金和信息，解决好贫困户发展农产业脱贫产前、产中和产后的难题，消除贫困户的疑虑，可以制定《互联网农产业扶贫规划实施细则》和《扶贫资金使用和管理办法》等产业扶贫规章制度来简化和规范化扶贫管理流程，提高扶贫效率。同时，要成立专门的产业扶贫小组和驻村工作队等组织结构，指导和监督农产业扶贫的各个环节，在制度上和组织上为“互联网+农产业”模式扶贫保驾护航。

4.4.4 建立良好的扶贫路径和机制

在实施“互联网+农产业”扶贫的过程中，应该以贫困户脱贫为首要目标，充分保障贫困农民的利益，确保农民利益不受侵害，将农产业经营所得的全部或部分利润返还给贫困户，实现贫困户利益最大化。要坚持“不忘初心，方得始终”的理念，毫不动摇地建立和维护实现贫困户利益最大化的脱贫机制，建议采用“黑茶企业+农户+基地户”以及“合作社+基地+农户”等扶贫模式，将贫困户与农产业利益连接起来（韦凤英等，2017），让贫困户参与互联网农产业的生产、加工、销售等各个环节，提供全产业链的工作岗位，建立起多种扶贫路径和紧密的贫困户利益连接机制，从各个方面将农民的利益考虑进去，保证利用“互联网+农产业”模式扶贫达到最大效果。

参考文献

[1]项继权,周长友.“新三农”问题的演变与政策选择[J].中国农村经济,2017(10).

[2]蒋永甫,莫荣妹.干部下乡、精准扶贫与农业产业化发展——基于“第一书记产业联盟”的案例分析[J].贵州社会科学,2016(5).

[3]古川,曾福生.产业扶贫中利益联结机制的构建——以湖南省宜章县的“四跟四走”经验为例[J].农村经济,2017(8).

[4]闫东东,付华.龙头企业参与产业扶贫的进化博弈分析[J].农村经济,2015(2).

[5]马楠.民族地区特色产业精准扶贫研究——以中药材开发产业为例[J].中南民族大学学报(人文社会科学版),2016(1).

[6]刘北桦,詹玲.农业产业扶贫应解决好的几个问题[J].中国农业资源与区划,2016(3).

[7]陈希勇.山区产业精准扶贫的困境与对策——来自四川省平武县的调查[J].农村经济,2016(5).

[8]牟大鹏.农业产业组织创新的经济学思考——“公司+基地+农户”生产经营模式初探[D].长春:吉林大学,2004.

[9]邓衡山,王文烂.合作社的本质规定与现实检视——中国到底有没有真正的农民合作社?[J].中国农村经济,2014(7).

[10]刘俊文.农民专业合作社对贫困农户收入及其稳定性的影响——以山东、贵州两省为例[J].中国农村经济,2017(2).

[11]韦凤英,韦平,梁远东.肉鸡产业在精准扶贫中的主要作用、存在问题及建议[J].广西畜牧兽医,2017(6).

第5章　四川省金川县致贫原因与精准帮扶的调研报告

伍艳①

摘　要　阿坝州金川县地处四川藏区，贫困覆盖面广，贫困程度深，属于我国深度贫困地区。2016年，10个贫困村贫困发生率平均为8.89%；金川县贫困村的主要致贫因素为交通不便和缺少产业支持；贫困户的主要致贫原因为因病致贫、因学致贫和缺少劳动力，其中，56.26%的贫困户因病致贫。通过调研，发现金川县的精准帮扶存在三个问题：一是贫困村集体经济薄弱，发展空间小；二是对于缺少劳动力的家庭，精准帮扶力度较弱；三是对贫困户进行劳动技能培训存在语言沟通障碍，致使藏族聚居地的技能培训效果不明显。建议重点支持贫困村集体经济发展，促进产业培育；对重疾和严重缺少劳动力的家庭，建立临时救助机制；扶贫与扶智相结合，培养少数民族技术骨干。

关键词　致贫原因；精准扶贫；精准帮扶；贫困村

5.1　调研目的与调研区域分布

5.1.1　调研目的

2017年6月23日，中共中央总书记、国家主席、中央军委主席习近平主持召开深度贫困地区脱贫攻坚座谈会，要求重点解决因病致贫、因残

---

①　伍艳（1967—　），女，四川南充人，西南民族大学经济学院教授/中国西部民族经济研究中心研究员，硕士生导师，研究方向：区域金融与农村经济。

致贫、饮水安全、住房安全等问题，加强教育扶贫、就业扶贫、基础设施建设、土地政策支持和兜底保障工作。为此，四川藏区、南疆四地州和四川凉山州、云南怒江州、甘肃临夏州等深度贫困地区加大了脱贫攻坚力度。

从四川省脱贫攻坚进程来看，2016年，四川省实现5个贫困县摘帽、2437个贫困村退出、107.8万名贫困人口脱贫，贫困发生率由2012年的11.5%下降到2016年的4.3%。其中，阿坝州实现126个贫困村顺利退出、20209名贫困人口摆脱贫困，贫困人口由2011年的20.9万人减少到2016年的5.4万人，贫困发生率从2011年的30%下降到2016年的7%，脱贫攻坚成效显著。2017年，四川省阿坝州要完成5个贫困县摘帽、239个贫困村退出、30811名贫困人口脱贫的目标任务，其中，金川县完成11个贫困村退出、1533名贫困人口脱贫的任务。为贯彻国务院《“十三五”脱贫攻坚规划》及《四川省政府精准脱贫的若干规定》，本课题组受金川县政府委托，进行金川县脱贫攻坚调查，调查主要内容为“贫困户致贫原因与精准帮扶措施”，调研目的是帮助金川县根据致贫原因推出针对性较强的精准帮扶措施。

2017年6月16—25日，本课题组进行调研人员招募活动，要求调研人员填写相关报名表，并特别注明实践经验与相关特长。对报名的研究生进行筛选及体检，确定每一位调研人员的身体素质过硬并且能适应高原环境，最后确定调研工作的人员名单。本次调研工作有教授2人，研究生20人。其中，为更好地与藏族人员沟通，在团队组建上，强调了调查员的少数民族语言条件，招募具有藏语对话能力的组员5人。

具体行程安排如下：

2017年7月8日，从成都出发前往金川县。

2017年7月9日，到金川县扶贫和移民工作局查阅资料，主要包括近三年金川县统计年鉴、脱贫攻坚“十三五”规划、脱贫攻坚验收考核自评报告、县脱贫攻坚工作总结、县贫困分布地图。

2017年7月10—21日，进村入户访谈和问卷调查。

2017年7月22日，返回成都。

5.1.2　调研区域分布

四川省阿坝州金川县地处川西北高原，青藏高原东部边缘，大渡河上游，是一个多民族聚居的高原山区县。全县共有藏族、羌族、回族、汉族等14个民族，其中少数民族人口占75%；金川县地理位置偏僻，集老少边穷于一身，脱贫攻坚难度大。为打赢脱贫攻坚战，金川县启动实施《金川县"十三五"脱贫攻坚规划（2016—2020年）》，制定了交通、水利、教育、卫生、金融等17个专项方案，建立52个贫困村各类农村新型经营主体共104个，累计带动贫困对象230户1400人。

本次调研涵盖金川县14个乡镇、25个行政村，其中，有10个贫困村（计划2017年退出贫困）、15个非贫困村。调研户全部为贫困户，共调研388户、1387人。具体调研区域如表5-1所示。

表5-1　2017年阿坝州金川县调研贫困村与贫困户分布情况

调研时间	调研乡镇	调研村	贫困户数（户）	贫困人数（人）	备注
2017年7月10—13日	庆宁	松坪村	10	38	贫困村
		咯尔西村	14	44	贫困村
	集沐	周山村	15	64	
	咯尔	德胜村	12	29	
	河东	达尔甲村	8	32	贫困村
		科尔纳村	10	39	贫困村
	马尔邦	独足沟村	13	49	贫困村
	曾达	木尔都村	23	68	贫困村
		坛罐窑村	38	144	贫困村
	卡撒	脚姆塘村	13	40	
		马厂村	17	53	
		猫碉村	10	32	
	河西	热登村	8	26	
		乃当村	10	31	
		马道村	9	29	

续表

调研时间	调研乡镇	调研村	贫困户数（户）	贫困人数（人）	备注
2017年7月14—16日	沙耳	丹扎木村	12	38	
		石达安村	10	27	
	勒乌	角木牛村	32	98	
		大坪村	21	70	
		八步里村	20	64	
2017年7月17—21日	俄热	依斗村	30	143	
	二嘎里	查拉沟村	29	131	贫困村
	太阳河	麦地沟村	14	58	贫困村
	观音桥	斯玛都村	8	32	贫困村
		麦斯卡村	2	8	
合计	14个乡镇	25个村	388户	1387人	10个村

5.2 金川县贫困的特殊性

5.2.1 贫困覆盖面广

世遗之乡在阿坝，阿坝江南在金川。阿坝州金川县地处高原山区，经济总量小，城乡之间、河谷与高半山之间、农区与牧区之间发展不平衡，城乡一体化发展水平低，贫困程度深，贫困覆盖面广，属于深度贫困地区。2015年，在110个行政村中，有52个行政村被定为贫困村，占金川县行政村的50%，52个贫困村分布在金川县22个乡镇，贫困区域较广。

5.2.2 贫困程度深

2015年，金川县建档立卡贫困户1380户5111人。2016年，金川县有613户2341人退出贫困，还剩767户1770人计划在2017—2020年脱贫。由于金川县基础设施落后，自然条件恶劣，脱贫攻坚难度较大。

表5-2显示，本次调研的10个贫困村2016年贫困发生率平均为8.89%，贫困发生率在10%以上的有喀尔西村、查拉沟村、达尔甲村、木尔都村、

麦地沟村5个贫困村，这些贫困村深处高海拔山区中，交通不便。根据金川县脱贫攻坚的进程安排，10个贫困村预计在2017年底全体“摘帽”，预计贫困发生率在3%以下。

表5-2　2017年调研金川县贫困村贫困发生率变动情况

贫困村	2016 年贫困发生率（%）	2017 年预计贫困发生率（%）	2017 年贫困发生率下降幅度（%）	2017 年剩余未脱贫人数（人）
松坪	2.61	0.98	1.63	3
斯玛都	3.26	1.08	2.18	3
独足沟	4.41	2.20	2.21	14
科尔纳	4.53	2.44	2.09	7
坛罐窑	7.94	0.00	7.94	0
咯尔西	10.96	1.37	9.59	2
查拉沟	11.04	2.80	8.24	9
达尔甲	12.54	2.09	10.45	7
木尔都	13.35	0.00	13.35	0
麦地沟	18.37	2.72	15.65	8
平均	8.89			

注：2017年预计贫困发生率根据2017年贫困户1—6月的收入支出估算得出。

5.3　金川县致贫原因分析

5.3.1　贫困村的致贫原因

金川县贫困村地处高原山区，没有通往县城和省城的高速道路和铁路，不仅交通不便，而且缺少发展资金和产业支持，部分地方容易遭受自然灾害。从调研的10个贫困村来看，主要的致贫原因为：交通不便、缺少发展资金以及产业扶持。例如，木尔都、达尔甲等贫困村虽然种植了大片花椒树，但因路途遥远，交通不便利，导致部分花椒滞销，农民只有微薄收入（见表5-3）。

表5-3　金川县贫困村主要致贫原因情况

贫困村	致贫原因（按重要性排列）
松坪	①缺少产业扶持 ②缺少发展资金

续表

贫困村	致贫原因（按重要性排列）
斯玛都	①交通不便 ②缺少发展资金
独足沟	①缺少发展资金 ②交通不便
科尔纳	①缺少产业扶持 ②缺少发展资金
坛罐窑	①交通不便 ②缺少产业扶持
咯尔西	①缺少发展资金 ②缺少产业扶持
查拉沟	①交通不便 ②缺少发展资金
达尔甲	①缺少产业扶持 ②交通不便
木尔都	①交通不便 ②缺少发展资金
麦地沟	①交通不便 ②缺少产业扶持

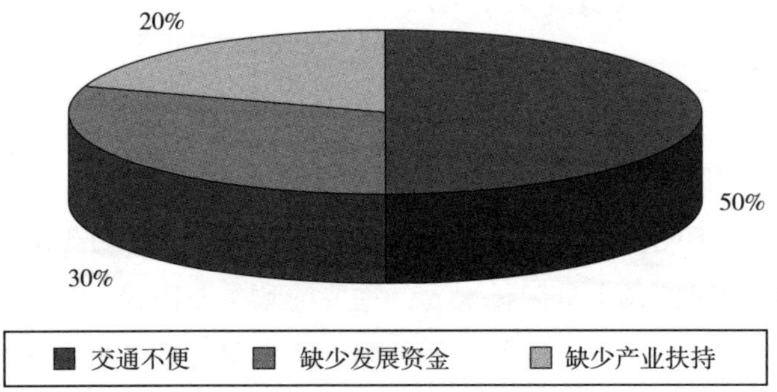

图5-1　金川县贫困村致贫原因占比（%）

从图5-1和表5-3可知，在10个贫困村中，坛罐窑村、麦地沟村、木尔都村等5个贫困村认为交通不便是致贫的主要原因，占比为50%，特别是海拔在3000米以上的麦地沟村和查拉沟村，基础设施较差，道路通达性差，既无法吸引外来资金投资，也难以将农产品顺利销售出去。松坪村、科尔纳村和达尔甲村3个贫困村认为缺少产业扶持是致贫的主要原因，2016年以前这3个贫困村没有集体产业，2017年村集体产业起步，产业发展较弱。

5.3.2 贫困户的致贫原因

5.3.2.1 调研贫困户的致贫原因

通过对金川县贫困村贫困户与非贫困村贫困户的抽样调查，发现因病致贫是导致贫困户致贫的最主要原因。在调研的388户中有218户存在因病致贫的现象，占有效样本总量的56.26%。其次为因学致贫、缺劳动力，分别占11.9%和9.85%。因残、缺技术、缺发展资金、缺土地、因灾致贫分别位列致贫原因的第4至第7位（见表5–4）。

表5–4 金川县所有调研贫困户致贫原因情况

原因	户数（户）	占比（%）
因病	218	56.26
因学	46	11.90
缺劳力	38	9.85
因残	29	7.49
缺技术	23	5.93
缺资金	16	4.07
缺土地	13	3.35
因灾	4	1.03
其他	1	0.25

从致贫原因的前三项来看：

——肿瘤、大骨节等重病可能直接导致贫困家庭经济来源的中断及生产、生活劳动力的缺失；而高血压、糖尿病等慢性病会使家庭医疗支出大幅增加，进而导致家庭负担加重处于慢性贫困境地。

——调研的大多数贫困户家里都有上大学的学生，由于金川县教育质量落后，许多贫困户家庭的学生很难考入重点本科院校，主要就读于学费偏高的职业技术学院，这些学校的国家补贴较少，加重了贫困家庭的负担。

——在因缺劳力致贫的贫困户中，老年人和16岁以下未成年人数量较多，构成了贫困发生的一项重要原因。根据调查，家里有60岁以上老年人和16岁以下未成年人的共有38户，占调查贫困户总样本量的9.85%。老年人和未成年人基本上没有外出务工获得收入的可能，生活在家如果没有固定的经济来源和收入保障，可能导致贫困。

5.3.2.2 贫困村贫困户的致贫原因

从10个贫困村167户建档立卡贫困户的致贫原因来看，主要致贫原因为：因病、因学、缺劳动力和缺土地，分别占调研贫困户的61.2%、9.26%、8.91%和5.97%。与全县调研贫困户致贫原因结果相同，因病、因学和缺劳动力排在致贫原因的前三位。特别是独足沟村，13户贫困户中有12户因病致贫，1户因学致贫，因病致贫占比为92.3%（见表5–5）。

表5–5 金川县10个贫困村贫困户致贫原因情况

原因	户数（户）	占比（%）
因病	103	61.20
因学	15	9.26
缺劳力	14	8.91
缺土地	10	5.97
因残	9	5.32
缺技术	7	4.14
缺资金	4	2.36
因灾	4	2.36
其他	1	0.59

与全县调研贫困户致贫原因相比，贫困村的贫困户由于土地原因导致的贫困占比为5.97%，显著高于全县贫困户由于土地原因导致贫困的占比（3.35%）。比较典型的是坛罐窑村，村民主要收入来源为经济林木如花椒、核桃等，但由于该村在山顶，少数贫困户缺少土地，种植面积较小，生产资料的匮乏使贫困户生产经营性收入较少，脱贫相对困难。

5.3.2.3 非贫困村贫困户的致贫原因

从15个非贫困村221户建档立卡贫困户致贫原因来看，主要致贫因素为因病、因学、缺劳动力和因残疾，分别占调研贫困户的比重为52.51%、13.69%、10.50%和9.13%；与贫困村贫困户致贫原因不同的在于，非贫困村因缺土地致贫的只有3户，占比仅为1.36%，远远低于贫困村（贫困村有10户）（见表5–6）。

表5–6 金川县15个非贫困村贫困户致贫原因情况

原因	户数（户）	占比（%）
因病	115	52.51
因学	31	13.69
缺劳力	23	10.50
因残	21	9.13
缺技术	16	7.30
缺资金	12	5.47
缺土地	3	1.36
因灾	0	0
其他	0	0

5.4 对贫困村的精准帮扶

5.4.1 改善交通道路等基础设施

近5年来，金川县加大对贫困村交通道路的修建。新改建县道46千米、通乡油路84.5千米、农村通畅公路860千米、通组道路1188千米、入户硬化路980千米，完成县乡道安保工程234千米、村道安保工程460千米。2017年，调研的10个贫困村通村硬化路全部为水泥路，其中科尔纳村、松坪村和斯玛都村的水泥路不仅通往村委会，还通往村小学（见表5–7）。

表5–7 金川县贫困村通村硬化路情况

贫困村	通村硬化路	通达地点	路面类型
科尔纳	有	村委会、村小学	水泥路
喀尔西	有	村委会	水泥路
坛罐窑	有	村委会	水泥路

续表

贫困村	通村硬化路	通达地点	路面类型
木尔都	有	村委会	水泥路
独足沟	有	村委会	水泥路
达尔甲	有	村委会	水泥路
松坪	有	村委会、村小学	水泥路
斯玛都	有	村委会、村小学	水泥路
麦地沟	有	村委会	水泥路
查拉沟	有	村委会	水泥路

在发展交通的同时，金川县以“建光网、提速度、促普及、扩应用、助经济、惠民生”为目标，大力建设光网乡镇、宽带乡村。2016年底，全县90%的乡镇实现通光纤网络，70%的重点行政村通光纤网络。调研的10个贫困村都有宽带接口，除坛罐窑村宽带不稳定外，其余各村宽带信号稳定（见表5–8）。

表5–8　金川县贫困村通信网络情况

贫困村	网络类型	信号稳定情况
科尔纳	宽带	稳定
喀尔西	宽带	稳定
坛罐窑	宽带	不稳定
木尔都	宽带	稳定
独足沟	宽带	稳定
达尔甲	宽带	稳定
松坪	宽带	稳定
斯玛都	宽带	稳定
麦地沟	宽带	稳定
查拉沟	宽带	稳定

5.4.2　发展贫困村集体产业

金川县政府以及四川省各帮扶单位对贫困村进行产业扶持，根据贫困村的自然条件和地理位置，合理安排产业发展。2017年，喀尔西村、坛罐窑村、木尔都村和独足沟村等6个贫困村拥有村集体产业，且扶持的村集体产业存在差异。坛罐窑村和木尔都村发展中蜂养殖基地，松坪村发展种植业（种植土豆和豌豆），咯尔西村发展养殖业，避免了村集体产业同质化，在一定程度上实现了“一乡一品”。

表5-9显示，2017年，人均集体收入最高的是斯玛都村、坛罐窑村和达尔甲村，分别为398元、391.1元和298.5元；最低的有麦地沟村、查拉沟村和独足沟村，分别为20.4元、17.66元和15.7元。从产业发展的构成来看，达尔甲村和麦地沟村并没有明确的集体产业，主要是通过返还式扶贫和产业周转资金获得集体收入。

表5-9 金川县贫困村产业发展情况

贫困村	集体经济收入情况（元）	产业发展的构成	集体经济人均收入（元）
科尔纳	70000	① 2016 年两户养牛大户返还 20000 元 ② 2017 年两户养牛大户返还 40000 元 ③ 2017 年一户养鸡户返还 10000 元	243.9
咯尔西	12000	①养殖肉牛 60000 元	82
坛罐窑	266000	①养殖土猪 16000 元 ②中蜂养殖 250000 元	391.1
木尔都	70000	①花椒基地 20000 元 ②中蜂养殖 50000 元	148.3
独足沟	10000	①林地租赁 10000 元 ②种植火葱 20000 元	15.7
达尔甲	100000	①返还式扶贫 20000 元 ②产业扶持周转资金 80000 元	298.5
松坪	13000	①种植土豆 10000 元 ②种植豌豆 3000 元	42.6
斯玛都	110000	①中药材 50000 元 ②乡村便民服务中心 60000 元	398
麦地沟	6000	①返还式扶贫项目 6000 元	20.4
查拉沟	5600	①木耳生产销售 5600 元	17.66

5.5 对贫困户的精准帮扶

5.5.1 根据贫困户需求进行帮扶

根据入户访谈调查，贫困户对帮扶措施表示满意，本次调研的388户贫困户均得到了政府提供的一项或多项帮扶措施，不存在帮扶缺位问题。贫困户得到的主要帮扶措施包括医疗救助、劳动技能培训、子女助学补贴、发展特色产业等。其中，排在帮扶措施第一位的是医疗救助，有380户得到过大病救助。帮扶措施结构如表5-10所示。

表5-10 金川县贫困户帮扶措施结构

帮扶措施	频数（户）	频度（%）
①医疗救助	380	24.13
②劳动技能培训	249	15.81
③子女助学补贴	187	11.87
④发展特色产业	175	11.11
⑤最低生活保障	152	9.65
⑥基建设施收入	139	8.83
⑦危房改造	114	7.30
⑧小额信贷	108	6.86
⑨易地扶贫搬迁	38	2.41
⑩其他	32	2.03
合计	1575	100

注：在调查中，请贫困户列出4项帮扶措施，根据贫困户列出的4项帮扶措施计算频数。

从致贫原因来看，对贫困户的帮扶措施具有较好的针对性。根据表5-4的分析，贫困户致贫原因居前三位的是因病致贫、因学致贫和缺少劳动力。在对贫困户精准帮扶中，因病致贫的农户均得到大病救助，特别是肿瘤病患者，均享有基本医疗保障；在因学致贫中，有187户享有助学补贴。2017年，阿坝州对少数民族贫困家庭实施“阳光雨露计划”，给予读大学的民族学生学费补助，每生每年补贴3500元；对于缺少发展资金的贫困户，金川县农村信用社发放小额信贷，金额在2万～5万元，共有108户得到过小额贷款。

5.5.2　大力开展劳务培训

为了帮助贫困户走出贫困，提升外出务工能力，金川县政府和各帮扶单位对贫困村的农户进行了就业岗位及劳动技能培训。喀尔西村、科尔纳村、查拉沟村开设厨师培训班，其余7个贫困村进行了砖工、漆工、木工等培训，通过培训，贫困户外出务工比例有所上升，务工收入大幅增加（见表5-11）。

表5-11　金川县贫困村劳务培训措施

贫困村	劳务培训举措
松坪	为贫困青年介绍工作，就业培训
喀尔西	厨师培训
达尔甲	建筑工培训
科尔纳	培训养殖、服务、厨师
坛罐窑	联系工作，技能培训
木尔都	建筑工培训
独足沟	建筑工培训，就业岗位培训
麦地沟	联系工作，技能培训
斯玛都	中药材种植培训
查拉沟	厨师培训

表5-12显示，在调研的388户贫困户的收入结构中，有158户家庭务工收入占比最高，占调研样本的40.72%。例如，达尔甲村的贫困户彭福林，通过劳务培训，夫妻两人在成都打工，其家庭年务工收入51000元，占家庭总收入的79.20%。

表5-12　金川县贫困户收入结构情况

主要收入来源	户数（户）	比重（%）
务工收入	158	40.72
政府转移性收入	112	28.86

续表

主要收入来源	户数（户）	比重（%）
养殖业	65	16.75
种植业	44	11.34
经商	6	1.54
其他	3	0.79
合计	388	100

5.6 精准帮扶中存在的困境

5.6.1 贫困村帮扶中存在的困境

——基础设施对当地经济发展的“瓶颈”制约。虽然金川县的通村通乡道路建设在阿坝州起步较早，处于较高水平，但金川县地处偏僻，距离成都等大中城市较远，通达性差，交通、通信等基础设施对贫困村经济发展的“瓶颈”制约凸显。

——贫困村集体经济起步晚，发展空间较小。金川县贫困村集体经济处于起步和不断探索阶段，集体产业发展面临资金约束、市场约束和人力资本约束，贫困村掌握农业新技术的少，村集体经济发展空间较小（见表5–13）。

表5–13 调研金川县贫困村精准帮扶遇到的困境

贫困村	驻村干部姓名	帮扶困境
松坪	杨何燕	产业发展的持续性
咯尔西	何建勋	村集体经济较困难，基础薄弱
达尔甲	苏弭科	入户道路硬化问题
科尔纳	雷福平	村集体经济发展难以持续
坛罐窑	黄运明	交通道路
木尔都	王凤	基础设施薄弱
独足沟	王维茂	交通道路
麦地沟	石玛泽郎	发展村集体经济空间小
斯玛都	马娟	基础设施薄弱
查拉沟	张友生	基础设施薄弱

5.6.2 贫困户精准帮扶中存在的问题

5.6.2.1 对于缺少劳动力的家庭，精准帮扶力度较弱

本次调研中有38户家庭缺少劳动力，占调研样本的9.85%，这些家庭既有老人，又有未成年的孩子。情况严重的少数贫困户既缺少劳动力，家里又有残疾人，长期依靠扶贫政策资金生活，没有发展能力，更没有承担风险的能力，对于未知的风险存在担忧。调查发现（见表5-14）：

——卡撒乡巴拉塘村的张华明一户，家中有两个70岁以上的老人，三个16岁以下未成年人以及残疾的弟弟，家里收入来源主要靠一人务工及政府补贴，生活负担很重。

——卡撒乡马厂村的杨树清一户，其配偶和孩子残疾，只有户主一人劳动，主要依靠政府补助生活。

——勒乌镇角木牛村的付明贵一户，其配偶于2016年去世，两个孩子在读中学，尚有6万元的医疗费用未还，生活较困难。

表5-14 调研缺少劳动力的贫困户

乡镇	行政村	户主姓名	存在的困难
卡撒	巴拉塘村	张华明	缺少劳动力，三个孩子读书
卡撒	马厂村	杨树清	家里有两个人残疾，缺少劳动力
勒乌	角木牛	陈志寿	户主摔伤，缺少劳动力
勒乌	角木牛	付明贵	妻子 2016 年去世，两个孩子上学
俄热	依斗村	仁青卓玛	孩子读书，没有劳动力

5.6.2.2 针对个别因病致贫的家庭，帮扶力度有待提升

本次调研的388户贫困户中，有380户家庭得到过医疗救助，对医疗救助措施非常满意，但也有少数家庭因患病的家庭成员较多，家庭医疗开支大，生活困难。例如，观音桥镇麦斯卡村的单巴家，该户主于2016年去世，去世前生病住院费用和丧葬费加起来10万元左右，全部都是户主配偶忠洛借亲戚钱得以支撑，已经还款8万元，剩余欠款2万元左右。家里有五口人，全靠户主配偶忠洛一人劳动所得维持生计。户主妹妹于2017年初患

慢性病，医药费报销较低，治病所花的钱是一笔很大的开支，忠洛在2017年5月检查出背上长有肿瘤，需要看病就医，导致唯一的劳动力暂时不能劳动，加上看病的巨大开销，短时间内脱贫较为困难。对这样的家庭需要加大医疗救助力度，实施专项帮扶措施。

5.6.2.3 劳动技能培训存在语言沟通障碍

本次调研的贫困村中，麦地沟村、斯玛都村和查拉沟村3个贫困村为藏族聚居地，藏民交流使用本地藏语，既听不懂普通话，也听不懂其他地方的藏语。金川县政府派出的农技员在进行种植业培训时，与藏民沟通困难。尽管这3个贫困村开设有劳动技能培训课，但因语言障碍，无法顺利完成劳动技能指导。当地藏民文化程度较低，主要劳动力为小学文化程度，接受新知识困难。又由于语言问题，无法到外地务工，只能依靠种植业和养殖业维持生计（见表5-15）。

表5-15 调研劳动技能培训存在的问题

贫困村	驻村农技员姓名	工作遇到的主要困难
麦地沟	柯明英	语言交流困难，新技术掌握困难
斯玛都	冉龙超	语言交流困难，农民思想观念落后
查拉沟	江阳板	语言交流困难

5.7 相关建议

5.7.1 促进产业培育，贫困村集体经济与农户生产错位发展

金川县依据资源禀赋加强对贫困村产业规划的研究，重点培育拳头产业，加强政府产业发展指导，通过企业、合作社、能人、电商等多元化力量引导贫困村加大产业培育的力度，扩大产业规模，克服一家一户小农经济的规模局限，为贫困村可持续增收创造产业基础。与此同时，贫困村集体经济与农户生产应错位发展。村集体经济应在深加工、市场拓展、原料采购、旅游产业等方面发挥自己的功能，农户主要开展种植业和养殖业生产，从而实现与村集体的互补发展。

5.7.2　强化帮扶措施的针对性，建立临时救助机制

建议帮扶措施长短期相结合，加强针对性。一是继续执行现行的精准帮扶措施，增加贫困户的一些短期收入，例如，继续为贫困户提供公益性岗位。二是对因病和缺乏劳动力的家庭实施临时性救助，帮助这些贫困家庭顺利脱贫。对于严重缺乏劳动力的贫困户家庭，可以实施最低生活保障。三是加大思想帮扶工作。对于少数“等靠要”的贫困户，要加大正面引导力度，扶贫与扶志相结合，必要时实施任务管理的奖惩措施，让贫困人口充分参与到自我脱贫的过程中，从而让扶贫效益最优化。

5.7.3　扶贫与扶智相结合，培养少数民族技术骨干

一是加大对金川县少数民族聚居地的教育投入，提高少数民族学生的入学率，特别是鼓励藏族学生到农业大学读书，通过学费补贴帮助少数民族学生顺利完成学业。二是通过激励措施吸引少数民族学生毕业后回家乡创业，进行技术指导，为家乡脱贫献计献策。三是定期对少数民族农技员进行新技术培训，适当延长少数民族农技员的驻村时间。

第6章　四川省典型贫困县脱贫问题调查研究

刘嘉鑫[①]

摘　要　本章基于实地调查，选择四川省两个典型贫困县进行入村入户调查访问，观察当地脱贫攻坚战的实施情况，了解当地村民生活质量，并运用委托−代理理论与人力资本理论对当地驻村领导进行的帮扶任务进行分析，提出对精准扶贫和村民脱贫有帮助的政策建议。调查显示：两个贫困县农村地区已经逐渐消除绝对贫困现状，农村的脱贫致富也逐渐进入新的发展阶段。但也存在政府教育投入不足、村民与政府之间因信息不对称而难以沟通以及政府分配过多贫困户户数给各个帮扶人员，导致帮扶人员有心无力、效率低下等主要问题。建议政府加大教育投资，提高村民素质；完善扶贫机制，开展扶贫教育；有效解决政府与村民之间由于信息不对称所产生的沟通障碍。

关键词　精准扶贫；脱贫；产业扶持；人力资源

6.1　引言

《中华人民共和国国民经济和社会发展第十三个五年规划纲要》提出，将于2020年实现全面小康社会，意味着我国贫困地区全部摘帽，人民进入不愁吃、不愁穿、不愁教育的时代。党的十八大以来，党中央把扶贫攻坚

① 刘嘉鑫：西南民族大学经济学院2017级产业经济学硕士研究生，研究方向：环境与资源经济。指导老师：姜太碧教授。

的任务摆到治国理政的重要位置，提升到事关全面建成小康社会、实现第一个百年奋斗目标的全新高度，将其纳入“五位一体”总体布局和“四个全面”战略布局中。党的十八届五中全会提出贫困人口要全部脱贫、贫困县要全部摘帽的目标任务。中共中央、国务院召开扶贫开发工作会议，印发了关于打赢脱贫攻坚战的决定，对“十三五”脱贫攻坚作出全面部署。由此可见，我国为实现中华民族的伟大复兴而奋斗，因此及时调整了扶贫政策，实施扶贫转型。精准扶贫与精准脱贫相辅相成，精准扶贫强调的是发挥扶贫主体的作用，通过扶贫主体帮扶贫困者脱贫。而精准脱贫意在通过一系列的脱贫机制使贫困者具有自主脱贫的能力，最终从根本上摆脱贫困。可以说，精准扶贫是精准脱贫的铺垫和前奏，精准脱贫是精准扶贫的导向和升华。[①] 要做到全县脱贫摘帽，需要找准贫困的真正原因，对症下药，同时还要从根本上改变村民的内在贫困，即不仅要使其在经济上独立，同时要提升其受教育水平，加大职业技能培训力度，才能从根本上解决村民贫困问题。本章基于四川省两个贫困县的实地调查，通过详细调查和剖析，找到当地脱贫攻坚任务中存在的主要问题，并据此提出相应对策和建议。

6.2　四川省典型贫困县存在的主要问题

本章调查研究的典型贫困县位于四川省西南部，地貌复杂，以山地为主，具有山地、丘陵、平原和高原等多种地形，经济发展受到很大的影响。特别是在高原地区，经济发展、医疗水平、教育等均与成都平原地区存在很大差距。另外，在四川省北部、西部贫困地区，很多都是少数民族地区，语言、文化差异等使其各方面发展并不迅速甚至迟缓。这些欠发达地区，有些镇村的村民甚至饥不择食，寒不择衣，非常贫困。本章访问调查了A县和B县，在两个县的实地调查中发现三个重要的问题：

第一，由于地形地貌的原因，当地驻村干部开展一对一精准扶贫相对

---

① 虞崇胜，余扬．“扶”与“脱”的分野：从精准扶贫到精准脱贫的战略转换[J]. 中共福建省委党校学报，2017(1)：41–48.

困难。由于村民居住的地方非常分散，有的村干部甚至需要将近一天车程才能从村委会到达村民家中。这在一定程度上阻碍了驻村干部了解帮扶对象的经济和生活等各方面的变化。

第二，由于村民与帮扶人员、驻村书记等政府人员的信息不对称等，双方互不理解、互不支持工作。精准扶贫、精准脱贫方略是习近平总书记基于中国共产党共同富裕思想和实现全面建成小康社会目标，针对以往扶贫开发工作中存在的扶贫对象情况不明、扶贫项目偏离需求、扶贫资金“跑冒滴漏”、扶贫到户效果不佳、驻村帮扶形式主义、扶贫资源分配不公等问题而提出来的。[①] 而在信息不对称即村民不了解政策、帮扶人员不了解村民的情况下，帮扶工作就会出现上述问题。

第三，教育问题。教育乃发展之本，从根本上解决内生性贫困，需要村民整体素质的提高，自身有意识、有能力去发展。由于两个县都有少数民族，其中一个县是少数民族地区，那么在教育上、语言的沟通和交流上就更有待提高。在执行脱贫攻坚的任务中，出现了非常多的问题，虽然原因是多方面的，但在针对每一个地区，每一个民族，到村、到户、到人的具体措施上，应具体问题具体解决。

6.3 典型贫困县调查案例分析

6.3.1 A县实际情况调查与实例分析

A县属于民族地区，全县有88个村、8000多名贫困人口。民族地区在政治、文化、经济的发展上具有其特殊性，我国领导人十分关注民族地区的发展，不断探索能够有效实现民族地区脱贫的良策。2017年有较多脱贫问题研究都与民族地区有关，而相关的民族地区贫困问题研究中存在的问题，[②] A县也同样存在。归纳起来，其主要问题如下：

第一，生态环境脆弱导致发展机遇欠佳。A县地处高海拔地区，平均

① 韩广富，刘心蕊．习近平精准扶贫精准脱贫方略的时代蕴意[J].理论月刊，2017（12）：16–21.

② 何建功，武永超．新发展理念视域下民族地区精准脱贫的路径研究[J].江西广播电视大学学报，2018，20（1）：42–46.

海拔在3250米左右，温差较大，平均温度与成都平原相比较低。草原地区的村民以畜牧业为主。据村干部介绍，政府统一在靠近村委会的地方修建了村民居住的房子，以便政府管理统计。此前多数牧民都是在牧区放牧，有时几天不下山，住在高原上自己搭建的棚子中。这种情况对于家庭各方面都有不利影响，如劳动力出去放牧，家里老人小孩照顾不周，小孩也要上学，这样不仅有碍家庭的经济发展，同时对家庭成员的身体健康也有一定影响。由于高海拔以及地形地势等自然原因，虽然其风景优美，但是有的人因担心高反而望而却步，因此旅游业发展很缓慢。此外，高原地区的农业也很难发展，为此，国家大力推动退牧还草，并提供了一批就业岗位，但是由于地理位置的特殊性，这只能缓解一小部分就业问题，仍需大力推动农业的发展。

第二，资源匮乏，产业扶持广度相对狭隘。A县特殊的地理位置不仅导致生态环境薄弱，也造成资源的匮乏。不管是在科技、技术方面，还是在医疗、教育等方面，都存在大量问题。A县能满足居民基本的生活需要，如水电食物等，但住所相对来说还有所欠缺，房屋大多由木头、泥土建造。由于木质材料容易燃烧，所以安全性有待提高。同时，技术上没有较发达地区的科技优势，各产业发展资源缺乏，人力资源稀少。例如，当地的轻工业以生产“哈达”为主，但生产的“哈达”长度、质量参差不齐，生产技术和产品质量都有待提高。据村干部解释，A县的“哈达”产业是国家的产业扶贫项目，信用社或者银行为村民提供免息贷款，三年后偿还，村民可以用这笔贷款进行投资，此外还有畜牧业等扶贫项目。只有产业扶持做得好，民族特色产业才能迅速发展。从A县实际情况来看，每家每户都获得了特色产业扶持，大多数村民在畜牧业上都进行投资，国家每年都会给每户分配畜牧种子，如牦牛、山羊等。其农业发展以高原生态农业为主，政府大力实施特色农业项目如雪域俄色茶种子培育等，并在村中成立农民专业合作社，建设粮油高产高效示范片区、油菜基地、蔬菜大棚等。

第三，人口素质偏低，导致发展后劲不足。早在1968年，经济学家西奥多·W. 舒尔茨（Thodore W. Schults）就指出人的教育的重要性，其研究表明人力资本的提高对经济增长的作用比物资资本的增加重要得多，人力资本存在于人的身上，表现为知识、技能、体力价值的总和。我国的精准脱贫工作，不仅要从外在要素上实现经济脱贫，同时也要实现人的教育、工作技能、健康保健的脱贫，其中最为重要的就是教育，教育可以改变人的根本思想。从以前的研究中可以了解到人们没有提高个人素质会带来内生性贫困认知，[①] 所谓贫困认知即比喻贫困不仅是金钱和物质的缺乏，也是在人们心智（认知）上的贫乏，这就会从根本上阻碍人民脱贫致富。从A县的贫困人口教育调查中了解到，该县村民的整体素质偏低，教育水平较差，访问的村民文化水平普遍在小学文化及以下。而且大多数年龄较大的人不会说汉语，只有年龄较小的村民会汉语，大多数村民几乎不能用汉语沟通，要通过既会少数民族语言又会汉语的年轻村民进行翻译才能达到沟通访问的目的。同时，A县（也包括下面将分析的B县）存在一个比较大的问题：思想问题。大部分农民受到传统思想的影响，自己不愿意拼搏进取从而脱贫致富，要么听天由命，要么把希望寄托于子孙后代。例如，A县一位60多岁的老人，失去了亲人，一人独居，丧失了生活的希望，想法是能过一天是一天，也不在意脱贫攻坚的政策引导，不理会帮扶人员的帮助，还有很多这样的村民失去了发家致富的动力。也有部分村民有脱贫致富的想法，但是由于心理、经济等方面的影响，担心失败之后自己无法承受风险，所以安于现状，不敢也不愿意开拓新的投资发展领域。还有部分村民一味地追求现实利益，倾向低成本、高收入的致富方式。这些现实状况都使新的致富项目难以推进，全村村民脱贫致富步伐缓慢。以上都是由于教育不足导致经济的发展后劲不足。

6.3.2 B县实际情况调查与实例分析

B县同样属于偏远地区，地形地貌比较复杂，但不属于高原地区。县里有少量的少数民族村民，绝大多数村民都是汉族。B县的自然风景十分优美，不仅有国家级文物保护单位，还有好几个自然保护区，这些都吸

① 顾世春.激发贫困群众脱贫致富的内生动力研究——从“贫困认知税”的视角[J].沈阳干部学刊，2018，20（1）：47–49.

引了比较多的游客前来观光旅游，同时B县的各个乡镇距离县城最远的为两个半小时车程，所以相对A县来说，其旅游产业发展更好。交通的相对便利也更利于对贫困人口的实时观察和了解。调查数据显示：截至2017年底，B县已经脱贫的户数有5100户，还有1493户未脱贫，共19543人。如图6-1所示，2014年脱贫户数1231户，2015年脱贫户数1444户，2016年脱贫户数1314户，2017年脱贫户数1111户，按照每年平均1000户的脱贫数量，预计到2019年B县能够实现全面脱贫。

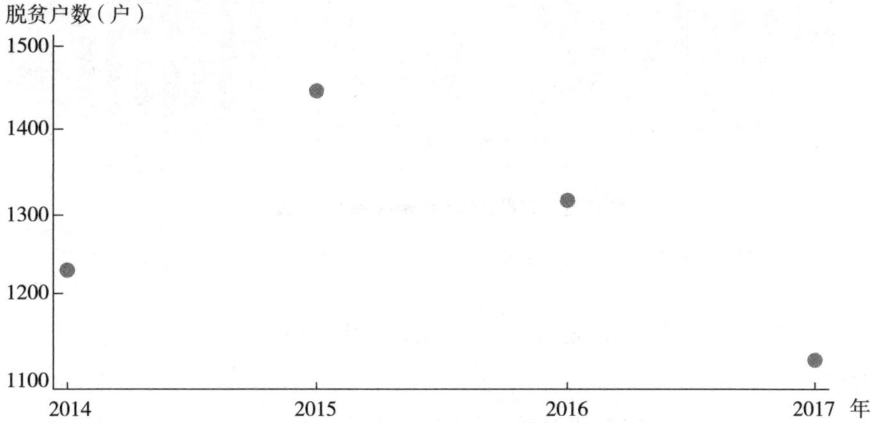

图6-1　2014—2017年B县脱贫户数变化情况

资料来源：作者根据实地调查数据整理。

B县一共有25个乡镇，每个乡镇都有一定数量的户数尚未脱贫，如图6-2所示，横轴代表不同的乡镇，纵轴代表未脱贫户数，其中1~25表示25个乡镇，数据显示，乡镇与乡镇之间未脱贫户数量的差距参差不齐。为探究乡镇与乡镇之间的贫困户数的差距是否与乡镇到县城距离有关，调查组进行了乡镇离县城中心的距离与每个乡镇之间的未脱贫户户数的相关性检验，发现两者并没有明显的相关关系，统计分析并不显著。可见，造成乡镇农户贫困的原因并不一定是地理位置，可能还有其他因素。

调查发现，地理位置偏远导致人才流失，缺少人力资源。整体文化素质不高导致经济发展缓慢。B县的文化水平相对A县较好，有部分村民文化水平达到了初中水平，但仍然需要很大的提高。由于B县所在的位置较为偏远，人才流失严重，并且人力资源回流很少，大多数高校毕业生不愿

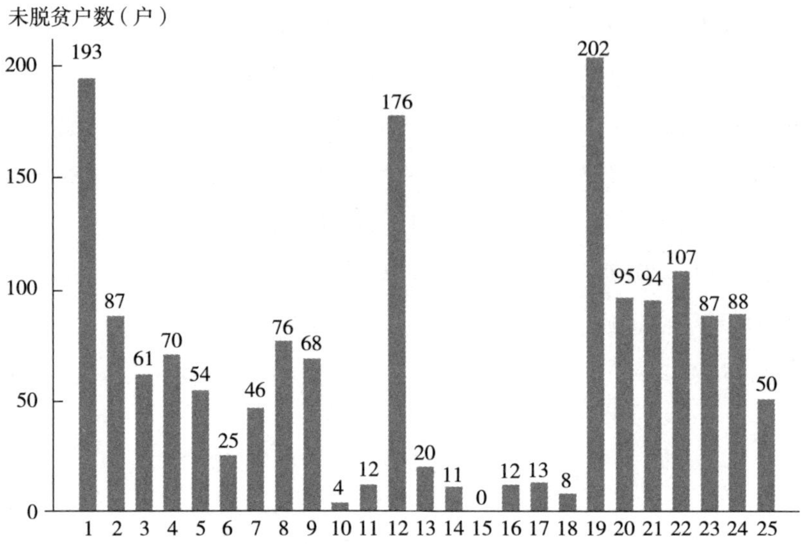

图6-2　B县25个乡未脱贫户户数

资料来源：作者根据实地调查数据整理。

来当地工作，县里非常缺乏人才。因此，B县有很多帮扶干部都是以一对多的形式来对村民进行帮扶，这导致帮扶干部心有余而力不足，同时关注照顾多户贫困户，不仅会引起激励机制的混乱，也可能导致效率低下。例如，调研案例表明：某帮扶干部对应着五户人家，自身精力、物资资源也不够，所以平时只能给每户人家直接送钱，送一些物资，无法在心理、教育、健康等其他方面进行帮扶。这样的结果就是间接使村民产生依靠国家资金帮扶的惰性思想。另外，政府对帮扶干部的工作成效也容易产生错误的评判。

6.4　结论与建议

6.4.1　加大教育投资，提高村民素质

教育是每个人的生活准备，是走向未来的基础，是独立生活的前提。从一定意义上来说，教育决定了国家和民族的未来，是一个国家和民族最重要的事业。经济学人力资本理论中的人力资本依靠的是投资，国家应该

加大教育的投入，虽然已经减免贫困民族地区的学费、住宿费、餐费等学杂费，但是在教育的质量和水平上还需要更大的投资，才能优化人力资本。在时间效应上，人力资本的提高需要时间的累积，其耐用性会比物资稳定得多，所谓耐用性是指已经形成的人的内在素质、能力等人力资本具有稳定性，不会像物资那样易得易失。人力资本的投资也是经济增长的重要源泉，是效益最佳的投资，例如，经济学家舒尔茨（Thodore W. Schults，1968）研究发现，第二次世界大战后，日本、德国得以快速恢复经济的原因是其人力资本，原本需要几十甚至上百年的时间才能恢复到战前的经济水平，它们只用了10年就达到了。

为使A县、B县的经济从根本上发展起来，村民的教育水平必须提高。两县的情况又各不相同。A县的教育水平比较低下，村民居住的地方不仅离学校远，而且有些道路并不好走，遇到不好的天气还会造成道路阻断，使孩子们无法上学，影响其正常学习。B县的教育水平虽然相对A县要好得多，县城有比较好的教育资源，但相对于平原地区的教育资源还远远不够。因当地的有关人力资源不足，使教育的质量难以快速提高。2015年，《中共中央 国务院关于打赢脱贫攻坚战的决定》明确规定：激发内生动力，注重扶贫先扶智，增强贫困人口自我发展能力；创新扶贫开发模式，由偏重“输血”向注重“造血”转变；着力加强教育脱贫，加快实施教育扶贫工程，让贫困家庭子女都能接受公平的、有质量的教育，阻断贫困代际传递。国家注重教育，明确提出教育的重要性。好的教育能让一个地区的整体发展更加持久。所以当地政府不仅应该在硬件设施上加大投入，如增加教育机构的数量、提高教育设施设备的质量、对道路进行改造等，让孩子们有学可上、上学交通便利，同时还要引入具有较高师资水平的老师以及教育管理者。

6.4.2　完善扶贫机制，开展扶贫教育，解决政府与村民之间因信息不对称而出现的沟通障碍

在信息经济学上，委托-代理理论（激励理论）可以解释帮扶干部的

懈怠问题，在信息不对称情况下设计出最有效的激励机制。政府方面，中央政府就是委托人，而省级政府就是代理人，委托人发布战略愿景，提出宏观目标，委托省级政府落实脱贫攻坚任务。代理人对任务进行分解，下放到市里、县里、村里，此时省级政府又担任着委托人的角色。而最终帮扶干部等县干部、村干部就是代理人。对贫困县而言，作为委托方的上级党委、政府应适时对作为代理方的贫困县党委、政府进行监督控制与治理激励，以确保其如期完成治理任务。[①] 帮扶成效关系到干部的帮扶效果奖励、晋升机会与降级惩罚等相关利益，在政府无法全面监督其工作状态的情况下，帮扶干部可以付出正努力水平，也可以付出零努力水平，这就涉及道德风险问题。所以当省级政府通过奖惩制度要求帮扶干部完成扶贫工作时，帮扶干部的行为是他们的私人信息。政府应该设计一个激励帮扶干部认真落实扶贫工作的激励模型，完善扶贫机制，并根据脱贫户脱贫后的家庭经济情况及总体情况、村民对帮扶干部的认可程度来确定奖惩制度，以达到激励帮扶干部按照脱贫攻坚任务的标准来帮扶贫困村民的目的。村民方面，由于信息不对称，村民对扶贫攻坚的任务并不了解，甚至不知道具体情况，政府应该举办一些宣传国家扶贫政策的学习会，让帮扶干部对每户家庭进行知识普及，内容包括具体帮扶的措施，以及被扶贫的村民应该走怎样的程序才更方便快捷等，[②] 解决信息不对称带来的沟通问题，同时增强村民与帮扶人员之间的信任度，使帮扶工作人员能更加了解贫困户的具体情况，对症下药。

参考文献

[1]虞崇胜，余扬."扶"与"脱"的分野：从精准扶贫到精准脱贫的战略转换[J].中共福建省委党校学报，2017(1):41-48.

[2]韩广富，刘心蕊.习近平精准扶贫精准脱贫方略的时代蕴意[J].理

① 王刚，白浩然.脱贫锦标赛：地方贫困治理的一个分析框架[J].公共管理学报，2018，15(1)：108-121，158-159.

② 阿依努尔·依布拉音.影响农民脱贫致富的因素研究[J].当代经济，2018(2)：34-35.

论月刊,2017(12):16-21.

[3]何建功,武永超.新发展理念视域下民族地区精准脱贫的路径研究[J].江西广播电视大学学报,2018,20(1):42-46.

[4]顾世春.激发贫困群众脱贫致富的内生动力研究——从“贫困认知税”的视角[J].沈阳干部学刊,2018,20(1):47-49.

[5]王刚,白浩然.脱贫锦标赛:地方贫困治理的一个分析框架[J].公共管理学报,2018,15(1):108-121+158-159.

[6]阿依努尔·依布拉音.影响农民脱贫致富的因素研究[J].当代经济,2018(2):34-35.

[7]赵红艳.创新村级治理 带领群众脱贫致富——全国人大代表范海涛扶贫攻坚的经验与启示[J].行政科学论坛,2018(3):58-61.

[8]马兴鹏,张淑萍.激发贫困群众脱贫致富的内生动力[J].新西藏(汉文版),2018(1):43-44.

[9]薛二勇,周秀平.中国教育脱贫的政策设计与制度创新[J].教育研究,2017,38(12):29-37.

[10]刘月平.欠发达地区脱贫攻坚的问题及对策建议——基于江西3个贫困县的调查[J].江西农业学报,2018,30(2):140-144.

[11]李忠斌.民族地区精准脱贫的“村寨模式”研究——基于10个特色村寨的调研[J].西南民族大学学报(人文社科版),2017,38(1):9-16.

[12]更好推进精准扶贫精准脱贫 确保如期实现脱贫攻坚目标[J].党建,2017(3):6,9.

第7章 甘孜藏族自治州金融扶贫调研分析

卓玛曲措[①]

摘 要 甘孜州是全国14个连片特困地区之一，18个县均为贫困县，贫困范围广，贫困人口多，贫困程度深，返贫概率高，脱贫任务繁重。其中，缺少资金是甘孜州贫困户致贫的重要原因，也是贫困的重要表现。金融扶贫以贷款为主，通过扶贫信贷资金放贷给贫困户，是解决甘孜州贫困户脱贫的方法，是促进贫困户自我内生发展的优良途径，也是降低贫困户返贫概率的最佳选择。金融扶贫是各地区解决贫困问题的有效尝试，利用金融扶贫弥补资金缺口，促进贫困户自身发展，追求可持续收益，做到真正脱贫。但由于地区差异、政策支持力度欠缺等原因，金融扶贫在实施的过程中存在很多难点。本章首先梳理了国内外相关文献，就金融扶贫相关理论进行了探讨。其次，深入甘孜州贫困地区进行实地调研，收集整理了2015—2017年当地贫困户基本信息及金融扶贫数据，结合州内18个贫困县的横向对比分析，研究了甘孜州贫困现状和原因。再次，从制度和实践的角度，通过对金融扶贫政策的探索研究，一方面，重点对甘孜州金融扶贫的贷款和创新举措进行了分析，总结了其金融扶贫的特征和成果；另一方面，挖掘出甘孜州金融扶贫中存在的金融服务覆盖不全、贫困户思想陈旧怕贷款、信用体系不够健全等问题。最后，针对甘孜州致贫原因和金融扶贫问题提出政策和建议。

关键词 金融扶贫；甘孜州；脱贫

---

① 卓玛曲措，西南民族大学经济学院硕士研究生。

7.1　问题的提出与相关文献

贫困是制约一个国家经济发展和社会稳定的重大因素之一。按国家级和省级标准，我国有592个贫困县，接近7000万贫困人口。2013—2016年，我国每年农村贫困人口减少超过1000万人，累计脱贫5564万人；贫困发生率从2012年底的10.2%下降到2016年底的4.5%，下降了5.7个百分点；贫困地区农村居民收入增幅高于全国平均水平，贫困群众生活水平明显提高，贫困地区面貌明显改善，脱贫攻坚任务取得了很好的成绩，但是要实现到2020年全面脱贫、建成小康社会的目标，依然任务艰巨。

甘孜藏族自治州作为全国14个连片特困地区之一，自然条件差、经济基础弱、贫困程度深，全州18个县市均为贫困县，1080个贫困村覆盖所有乡镇。截至2016年底，甘孜州贫困发生率为13.73%，共计3.1万户贫困户、13.14万贫困人口。贫困人口多且素质较低，脱贫难度大，返贫概率高，既是四川省贫困问题比较突出的地区，也是脱贫攻坚中的硬骨头。

金融扶贫是国务院扶贫办制定的七大扶贫政策之一，对贫困地区经济的发展、贫困人口收入的提高影响重大。甘孜州作为连片特困地区、民族地区，扶贫脱贫尤其需要金融支持。基于甘孜州的贫困现状以及金融发展程度，本章的研究意义主要表现在以下几点：①通过实地调研，整理出甘孜州2017年金融扶贫工作开展的情况；②将金融扶贫理论与甘孜州现实情况相结合，探讨金融扶贫工作在甘孜州取得的成效，并找出可能存在的问题；③根据2017年甘孜州金融扶贫的状况，对未来金融扶贫工作提出相关政策和建议。

20世纪50年代，戈德史密等最早提出了金融扶贫。他们指出了金融发展的道路、探讨了金融发展与经济增长的关系，并提出资金流动模型。而国内是在改革开放积累了大量的经济成果之后，贫困问题才显得更加突出，并到20世纪80年代才引起学者们的重视。国内早期关于贫困的理论研究较少，大部分都是进行实地考察，总结贫困突出的表现和原因等，研究成果十分有限。而关于金融扶贫的研究起步更晚，研究成果更是屈指可数。

表7-1 国内外金融扶贫相关研究梳理

<table>
<tr><th colspan="2">角度</th><th>学者</th><th>时间</th><th>观点</th></tr>
<tr><td rowspan="2">政府是否干预</td><td>干预</td><td>主流理论</td><td>20 世纪 80 年代之前</td><td>提出农业信贷补贴</td></tr>
<tr><td>不干预</td><td>Adams 等</td><td>2002 年</td><td>提出农村金融市场</td></tr>
<tr><td rowspan="3">财政扶贫与金融扶贫相结合</td><td rowspan="2">有利于扶贫</td><td>黄承伟等</td><td>2009 年</td><td>通过利用财政扶贫模式的杠杆作用，大力推行金融扶贫模式</td></tr>
<tr><td>黄彦菁</td><td>2013 年</td><td>仅依靠“输血”式扶贫难以摆脱贫困，应通过“造血”式扶贫，促进贫困人口自我发展</td></tr>
<tr><td>不利于扶贫</td><td>周彬彬</td><td>1988 年</td><td>金融机构以盈利为目的，与政策性目标相冲突，“双渠道”资金模式难以发展</td></tr>
<tr><td colspan="2" rowspan="3">扶贫对象不精准，监管机制不严格</td><td>朱玲</td><td>1995 年</td><td>金融扶贫最大的受益者是贫困地区的政府、非贫困人群或一般贫困人群</td></tr>
<tr><td>吴国栋</td><td>1995 年</td><td>扶贫工作监管不力及扶贫对象选择存在问题，导致扶贫资金“目标转移”</td></tr>
<tr><td>M. L. AUDU</td><td>2006 年</td><td>扶贫资金在流入贫困地区路途中被城市“盗劫”了</td></tr>
</table>

研究一个理论，可以从多个方面考虑切入。本章结合甘孜藏族自治州实际情况，从调查分析的角度考虑，层层递进，从3个角度对国内外关于金融扶贫理论的研究进行了梳理（见表7-1）。在关于政府是否干预的问题上，20世纪80年代以前，在金融扶贫制度的基础上，主流理论是经常被提及的“农业信贷补贴”（Subsidized Credit Paradigm）。大多数研究者认为，农村各方面的条件特别差，尤其在金融服务这一块基本上属于空白。对于仅能解决温饱的农民而言，有多余的钱用于储蓄是不可能的，资金非常匮乏。并且，与工业相比，农业的生产周期长，风险也很大，收益不稳定，在商业金融机构中，农业几乎是被其遗忘的“弃儿”，所以需要政府的干预，将农业信贷补贴实践于农村贫困地区。而在2002年，美国学者 Adams 等提出农村金融市场理论，与农业信贷补贴理论相异。该理论认为，农业信贷补贴理论的假设前提本身就是错误的，与激励机制相比，贫困户更愿意储蓄，低息贷款政策很难实现贫困户自身的发展，以及难以实现向贫困

户倾斜的收入再分配目标。所以，Adams等对农业信贷补贴理论持批评的态度，认为政府不应过多干预金融市场，而主要应该发挥引导性作用。

在关于财政扶贫模式与金融扶贫模式相结合的利弊方面，周彬彬（1988）认为，“双渠道”模式下，政府是对扶贫项目的申报、论证、立项等工作渠道负责的，而金融机构是对具体资金下发的工作渠道负责的，资金的使用方向和效率在该模式下得到了保障。但是随着不断地研究，他发现金融机构作为商业机构，是以盈利为目的的，其在操作过程中会将自己的商业目标放在首位，考虑自己的可持续发展，金融机构目标与政策性目标的冲突使“双渠道”资金模式发展不利。黄承伟（2009）、黄彦菁（2013）认为，“公共服务”性质是两种扶贫模式都具有的，而它们的区别在于财政扶贫资金是“无偿性”的，金融扶贫资金是“有偿性”的。单纯的“输血”是财政扶贫措施独有的特性，它将扶贫资金分发给贫困户后，这种转移性收入是由贫困户自行决定如何使用的，对于无须任何付出而得到的资金以及各方面的限制，贫困户是否会将转移性收入进行自我发展，是值得深思的。相反，金融扶贫模式这种“造血”式的扶贫方式，对于有自我发展意识和自我发展能力的贫困户是有益的。

关于贫困对象是否精准、监管机制是否严格等问题，朱玲（1995）、吴国栋（1995）和M. L. AUDU（2006）认为，在金融扶贫的实施中，扶贫资金在流入农村贫困地区的途中被“盗劫”，低息贷款补贴很可能被集中转移到富农身上，政府、非贫困人群或一般贫困人群成为金融扶贫的最大受益者，而极度贫困户是很难获得信贷资金的。只有完善金融扶贫机制，严格监督管理，精准识别贫困户，才能确保极度贫困户获得信贷资金。此外，吴国栋（1995）还认为，金融机构作为商业机构，是以盈利为目的的，该目的与扶贫信贷资金的运行规律是相悖的，这也是扶贫资金没能投向扶贫对象的原因。

除以上3个角度外，还有从风险角度和法律角度考虑的。张羽（2014）认为，中国金融扶贫政策需要充分的保障和完善的体系，否则，金融扶贫甚至会阻碍金融机构的发展。他认为，必须加强风险防范，建立农业保险和风险对冲机制，将农业保险、金融扶贫信贷与金融衍生品相结合，发挥金融创新的优势，开发出适合贫困户的金融产品。确立非营利性的金融扶贫小额信贷的法律地位，对其业务进行重点支持。

通过对国内外相关文献的梳理，主要发现以下问题：①国外学者对金融扶贫的研究更偏向于理论研究，从宏观的角度进行理论创新，给后期研究的学者做好理论铺垫，但也容易忽视个别特殊地区、特殊人群存在的情况；②国内关于金融扶贫的研究甚少，研究处于浅层阶段，更多的研究都是以实地考察为主，探讨地区的金融扶贫模式和做法，对从理论方面提出问题及研究问题出现的原因是比较少的；③关于研究民族地区金融扶贫的文献也是极少的，尤其是将民族地区的民族概况、风俗等特性相结合的研究更是微乎其微。本章的调查分析希望在上述已有的研究上进行深入探讨。

7.2 金融扶贫的内涵、特征及相关理论

7.2.1 金融扶贫的内涵及特征

金融扶贫是指通过金融方式来帮扶贫困人群，按意义范畴分为广义的和狭义的。广义的金融扶贫，指金融机构在国家扶贫政策的引导下共同参与扶贫事业；狭义的金融扶贫，指在农村的金融机构运用金融手段帮扶农村贫困人群。

金融扶贫已经成为一种主要的扶贫方式。2015年11月29日召开了中央扶贫开发工作会，会议提到农村贫困人口要确保在2020年实现脱贫，并全面建成小康社会。对此，中央扶贫开发组作出几项关于打赢脱贫攻坚战的决定，其中一项提及要加大金融扶贫的力度，健全脱贫攻坚支撑体系，强化政策保障。

关于加大金融扶贫力度的措施如下：通过运用货币政策工具，在政府的鼓励和引导下，向政策性、合作性、开发性及商业性的金融机构提供低成本、长期限的扶贫资金，加大扶贫开发的金融支持。通过适当的政策安排，利用金融机构的富余资金、财政贴息资金，拓展扶贫资金的渠

道来源，对接开发性、政策性的金融机构的资金需求。通过设立扶贫再贷款，与支农再贷款利率相比，实行更优惠的利率，重点支持贫困地区发展特色产业及贫困人口的就业和创业。中央财政补贴90%的贷款贴息给政策性金融债，该债券由国家开发银行、中国农业发展银行发行，以保本或微利的原则发放长期性贷款，主要用于易地扶贫搬迁。这两家政策性银行分别设立"扶贫金融事业部"，依法享受税收优惠。邮政储蓄银行、农村信用社及中国农业银行通过创新金融产品，延伸贫困地区的金融服务，增加信贷投放；针对还款来源稳定的扶贫项目，可通过过桥贷款方式发放信贷资金；财政按基础利率贴息给农信社，村镇银行向贫困户提供免担保、免抵押小额信贷资金；加大扶贫贷款实施力度，包括助学贷款、创业担保贷款和康复扶贫贷款，以及妇女小额贷款；设立村镇银行，小额贷款公司在贫困地区将得到优先支持；扶贫贷款风险补偿基金在贫困地区也将得到支持；支持开展农民合作社信用合作试点工作，培育发展贫困地区的农民资金互助组织；支持政府出资在贫困地区设立融资担保机构，开展关于扶贫的担保业务。通过发展扶贫贷款保证保险，补助贫困户保证保险保费。通过中央财政，落实以奖代补农业保险，发展贫困地区特色农产品。通过开展特色农产品价格保险，拓展贫困地区抵押物担保范围；改善金融生态环境，加强贫困地区的金融服务基础设施建设。

通过金融扶贫的内涵及实施内容，归纳分析了金融扶贫的特征，主要如下：

——主体性。金融扶贫是金融机构作为主体，向贫困地区、贫困户发放扶贫项目贷款和小额信用贷款，缓解贫困地区缺资金的主要问题；金融扶贫与财政扶贫不同，财政扶贫是通过政府机构，将扶贫资金注入贫困地区。

——可持续性。金融机构采用"造血"式的金融扶贫方式，扶贫的资金是有偿的。通过扶贫资金的循环利用，除活跃贫困地区经济，促进贫困户自身的发展外，金融机构还可以处于微利或保本的状态，达到一种可持续性经营的状况。

——市场性。金融机构作为市场运行的主体，其金融扶贫也是在市场规律中运行，与财政扶贫不同，财政扶贫是由政府进行干预的，而金融扶贫与市场紧密相连，其利率根据市场的变动而变动，可以平衡利益损失。同时，金融扶贫放宽了农村金融市场的准入门槛，打破了金融机构格局，使农村金融市场的竞争更公平。

——创新性。与财政扶贫相比，金融扶贫的扶贫对象更多、扶贫项目更广。金融扶贫主要针对有意愿、有能力实现自我发展的贫困人口，实现贫困人口自身的可持续发展，而财政扶贫作为“输血”式的扶贫方式，扶贫无劳动能力且极度贫困人群，返贫的概率也很高。

——商业性。金融机构作为商业机构，是以盈利为目的的。相反，财政扶贫的资金是无偿的。金融扶贫对有自身发展能力的贫困户是一个很好的机会，对金融机构而言是一个新的挑战。

7.2.2 农业信贷补贴论

农业信贷补贴论是在20世纪80年代以前占主流地位的传统学说。该理论认为，贫困人群是没有储蓄能力的，因此他们贫困最大的问题是缺少资金。农户作为低价值客户，是容易被金融机构遗忘的“弃儿”，因此需要一个外来政策性资金的注入，来增加农户的收入，缩小农业与其他产业之间的结构性收入差距。一般以高利率为特征的非正规金融会使农户更加贫困，并且会阻碍农业生产的发展，因此需要在农村设立非营利性的银行分支机构或信用合作社，为农户提供低利率的信贷资金，促进农业的发展，使高利贷也随之消亡。

就在农业信贷补贴兴盛一时的时候，有研究表明，农业信贷补贴论假设的前提本身就是错误的。该研究认为，即使是贫困户也有储蓄需求，即使有储蓄的机会和激励机制，多数贫困户依然会选择储蓄，这就说明通过低息贷款政策，贷款的用途是可替换的，这就很难促进农户的自身发展，以及难以实现收入再分配的目标。并且在低息贷款的过程中，主要受益的可能是比较富有的农民，而非真正的贫困户。此外，农村信贷机构缺少有效的监督机制，难以监督贷款人投资和偿还能力，这也导致贷款人拖欠贷款。

该理论在发展中国家广泛推行，扩大了农村部门的融资，促进了农业生产的增长，但是偏好中上层融资、农户过于依赖资金、资金回收率低等问题十分突出。建立一种可持续发展的金融机制是对消除贫困最大的贡献，而并非仅仅是贷款和储蓄。

7.2.3　农村金融市场理论

农村金融市场又称农村金融系统论，是在20世纪80年代提出的，并且取代了当时的主流理论即农业信贷补贴论。该理论的前提假设是农户是有储蓄能力的，这与农业信贷补贴论完全相反。该理论认为，没有必要由外向内注入资金，低息的政策贷款会阻碍金融机构的存款，抑制金融业在农村的发展，同时低息贷款低回收率的重要因素是农户过度依赖这些外部资金。该理论还认为，农村资金拥有较多的机会成本，高利贷的存在也是理所应当的。虽然农村金融市场理论从多方面否定了农业信贷补贴论，但是该理论也存在一定问题。例如，自由化的利率在一定程度上会减少信贷资金的需求，会改善农户获得资金需求的状况，但是在高成本及担保品缺少的情况下，获得足够的资金对农户来说是一个难题，即在利率自由化的环境下，农户是否能够充分获得正规金融机构的贷款，这仍然是一个值得关注的问题。

农村金融市场理论在推动农村金融改革方面所起的作用是不可磨灭的。该理论主张农村金融机构作为农村内部的金融中介，动员农户储蓄，平衡农村资金供求，而利率要由市场机制决定，并通过农村金融机构自身经营的自立性和可持续性判断农村金融是否成功，不需要为特定的目标客户制定贷款制度；应该依赖市场机制，将正规金融市场和非正规金融市场结合起来，活跃金融市场，而不是一律取消非正规金融机构，极力反对政策性金融对市场的干预。但由于农村金融市场的缺陷，在发展中国家仍然需要政府介入，通过政策性资金帮扶小农户。

7.2.4　普惠金融理论

金融作为风险经营性行业，准入壁垒较高，多数正规金融机构只考虑高价值客户，中小微企业和贫困群体极容易被忽视，导致很多贫困地区金融服务空白，贫困人群获得金融服务的难度较大，贫困群体易陷入恶性的贫困循环中。因此，将被边缘化的贫困群体纳入金融服务对象中，将他们从贫困中解救出来，刻不容缓，在这样的背景下，小额信贷、微型金融以及普惠金融理念应运而生。

2005年5月召开了构建普惠金融体系的全球会议，“构建普惠金融体系”在会议中正式被提出，该体系是指将零散的微型金融机构及服务进行整合，并融入金融整体发展战略中。普惠金融并非是21世纪才产生的新事物，它是小额信贷、微型金融的延伸和发展。从15世纪开始，意大利的慈善家就提供小额信贷业务给低收入群体，减轻其获得金融服务的成本。18世纪20年代，一个为低收入群体提供无息小额贷款的基金诞生，即爱尔兰贷款基金，最后由于金融抑制而倒闭。20世纪70年代，在孟加拉国，穆罕默德·尤努斯教授开展小额信贷扶贫实验，取得巨大成功，多国开始效仿。到20世纪80年代，小额信贷打破旧的观念，通过发放商业贷款和小额信用贷款，实现盈亏平衡，实现可持续发展。由于小额信贷过于单一，满足不了贫困群体的金融需求，到20世纪90年代，小额信贷被微型金融所取代。微型金融是小额信贷的广义范畴，主要以小额信贷为主，为贫困群体提供的金融服务更加多面、多层次，使小额信贷进入一个新的阶段。微型金融机构包括大型的商业金融机构、信用合作社等，为贫困群体提供多样化的金融服务。而21世纪提出的普惠金融体系，把小型化的微型金融机构和被边缘化的微型金融机构一起纳入正规的金融体系中。普惠金融体系的构建，意味着更多、更广泛的金融机构都要为贫困群体提供金融服务，改善整个金融服务环境，使贫困群体有更多的金融产品可以选择。

7.3 甘孜州贫困现状分析

7.3.1 甘孜州概述

甘孜藏族自治州，简称甘孜州，位于四川省西部地区，康藏高原东南面，占地总面积约为15.26万平方千米，常用耕地面积9.08万公顷，辖1个县级市、17个县，325个乡（镇）、2696个行政村、55个城镇社区。按自然地理位置分为东部、北部和南部三个区域，东部地区包括康定市、泸定县、丹巴县和九龙县，北部地区包括道孚县、炉霍县、甘孜县、新龙县、德格县、白玉县、石渠县和色达县，南部地区包括雅江县、理塘县、巴塘县、乡城县、稻城县和得荣县（见图7–1）。截至2016年12月31日，统计显示，全州常住人口为118.05万人（甘孜州2016年国民经济和社会发展统计公报），其中城镇常住人口34.54万人，常住人口城镇化率为29.3%，人口自然增长率为6.26‰，天然草原面积占总面积的61.7%。全州包括汉族在内，共有25个民族聚居在这里，主要以藏族为主，占80.4%。全州平均海拔3500米，境内仅有一条在2017年12月31日刚通行的雅康高速（泸定段），无铁路，2017年仍有111个乡（镇）没有通油路，446个行政村还未通公路，2598个村网络还未覆盖。

甘孜州是我国第二大藏区，也是四川藏区的主体地区，其区域面积约占四川省的1/3，且地处黄河、长江的源头地区，水利资源丰富，其中可利用水资源总量为881.8亿立方米，水能理论蕴藏量4119万千瓦，占全省的29%。甘孜州拥有丰富的矿产资源，且已发现74种矿产，形成固体矿产地1581处，矿地512处；拥有丰富的动植物资源，动物药材包括熊胆、麝香、鹿茸等，植物药材包括虫草、贝母等。

甘孜藏区虽然资源丰富，但是存在不少问题。一是自然环境恶劣。高海拔、地质环境复杂，可耕地面积少，气温低且气候变化大等，以及常年频繁的自然灾害，使农业处在“靠天收”状态；牧业存在“秋肥、冬瘦、春死”的困局，且草场超载，草场退化严重。二是人口素质较低。农牧民普遍受教育程度较低，知识、能力和技术严重不足，普遍存在“重来世、轻今生”“等靠要”“轻工商、重农牧”“小富即安、故土难离”等思想观念；同时农牧民健康素质偏低，甘孜州是大骨节病、鼠疫、包虫病等12种地方病高发区所在地。三是基础设施落后。公路等级低，公共设施落后。四是经济收入低。全州1个县级市和17个县，18个县市都为贫困县，其中有5个国家级贫困县（石渠县、理塘县、雅江县、新龙县、色达县）。五是

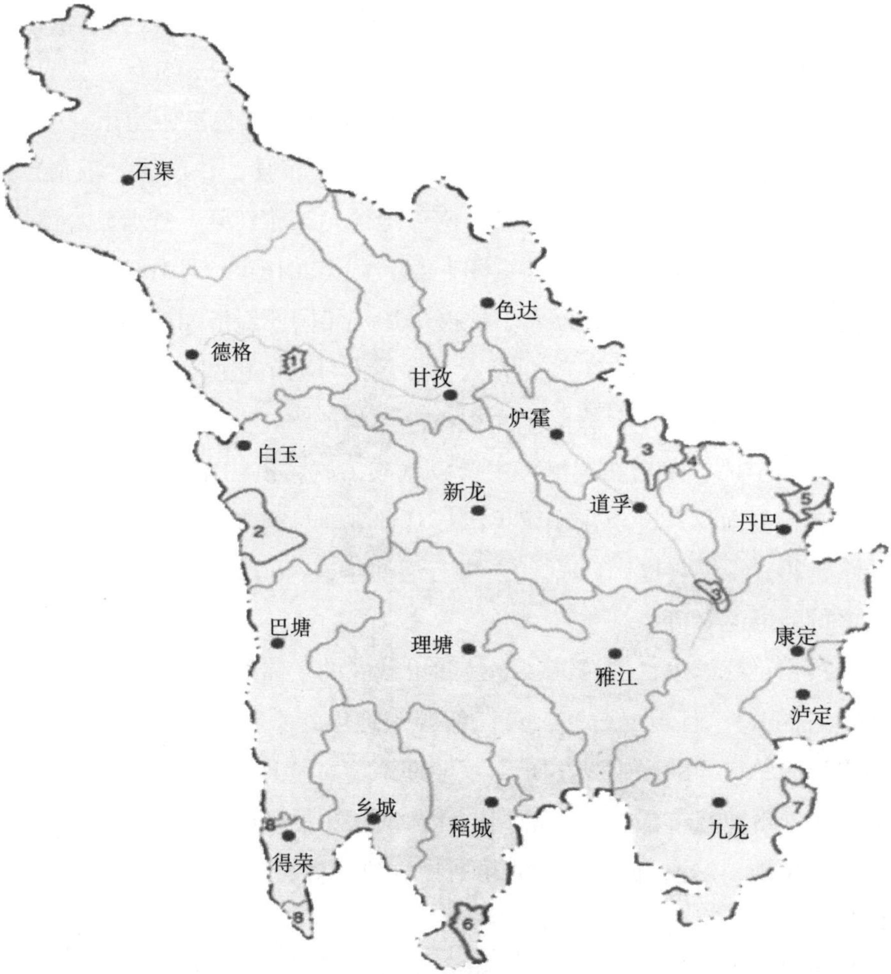

图7–1　甘孜州18个县分布情况

金融网点较少，只有农业银行、农村信用社和邮政储蓄银行在全州18个县覆盖，农业发展银行和建设银行仅在康定市（州府）各有一家，中国工商银行甘孜州办事处是于2012年7月成立的，第一家商业银行——乐山市商业银行是于2016年9月在康定市成立的，银行业管理机构即中国人民银行，只在康定市和炉霍县设立了支行。六是财政收入很少。全甘孜州财政一般预算收入在2016年为32.26亿元，公共财政支出为300.14亿元，两个指标相比，一般预算收入只占公共财政支出的10.75%，入不敷出，甘孜州的发展难以通过经济收入来支撑。

7.3.2 甘孜州经济状况

近年来，面对经济下行压力持续加大的严峻形势，紧紧围绕“发展、民生、稳定”三件大事，甘孜州的经济运行保持平稳，近5年的地区生产总值以年均8.1%的速度平稳增长（见表7–2）。

表7–2　2012—2016年甘孜州经济指标

指标	2012	2013	2014	2015	2016	年均增速 (%)
地区生产总值（万元）	175.02	201.20	206.80	213.02	229.80	8.10
第一产业（万元）	43.09	47.32	51.48	54.40	59.27	4.20
第二产业（万元）	68.12	80.78	77.29	75.78	82.71	12.10
第三产业（万元）	63.81	73.12	78.13	82.84	87.83	8.12
人均 GDP（元）	15753	178099	18096	18423	19596	7.65
城镇居民消费水平(元/人)	14663	16270	17396	19592	21423	11.30
农村居民消费水平(元/人)	3943	4529	5192	5943	6536	7.50

数据来源：甘孜州统计年鉴。

甘孜州地处高寒地区，交通设施建设不完善，与内陆经济活跃地区联系不密切，经济相对封闭，且作为连片特困地区之一，经济发展迅速，但发展水平较低，GDP增幅与全省水平相比较慢。四川省2016年全省地区生产总值（GDP）达到3.29万亿元，增速为7.8%，甘孜州GDP低于四川省增速水平0.8个点，且GDP仅占四川省的0.6%，对四川省GDP贡献小。2016年甘孜州人均GDP水平为19596元，远低于同期全省人均GDP水平（39695元），只相当于全省水平的49.37%。从居民消费水平来看，城镇居民的消费水平和增速都高于农村居民消费水平，且农村居民消费水平不到城镇居民消费水平的1/3，城乡差距大导致贫富差距大，贫困程度深。

从表7–2可知，2012—2016年，甘孜州第二产业平均增速最快，主要以公共工程修路、修桥为主。而作为第一产业的农林牧渔业增速低于平均水平，增速最慢，主要受高海拔、气候恶劣的自然环境影响，农林牧渔业发展限制大，大部分偏远的农牧民存在自给自足的情况。从图7–2三次产业的结构变化可以看出，2012—2016年，第一产业和第三产业都是呈上升的趋势，第二产业的变化趋势有些波动，从2012年开始呈上升的趋势，但2014年、2015年连续下降，且第二产业产值在2014年被第三产业反超，之后又呈先下降又上升的波动趋势。这说明甘孜州地处高原地带，地质复杂，气候恶劣，地广人稀，不适宜发展工业产业。反而因为是民族地区，环境保护良好，民族特色浓厚，可通过大力发展第三产业来带动甘孜州经济。同时，在精准扶贫政策实施后，对广大的农牧民贫困户而言，发展农林牧渔业和旅游服务业是其自我发展的主要途径，在政府扶持和金融扶贫的支持下，以“农业增效、农民增收”为目标，开发了1500余种农特产品销往内地、沿海市场，农村经济保持稳定增长态势，第三产业在甘孜州作为一种新兴产业正在崛起。

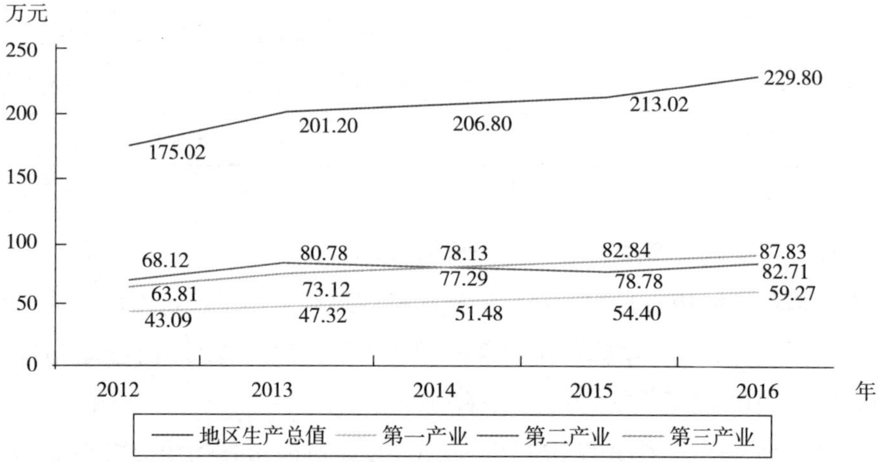

图7-2　2012—2016年甘孜州产值结构

资料来源：甘孜州统计年鉴。

7.3.3　甘孜州贫困状况

近年来，甘孜州脱贫攻坚工作在一定程度上取得进展，但与全省的发展水平相比，甘孜州仍较落后。对于日常生活需要，贫困户能做到基本满足，但是收入水平仍然偏低。甘孜州农民2016年人均纯收入为9367元，只占平均水平的49.8%，而贫困户的家庭人均纯收入仅2300多元，为农民人均纯收入的1/3。当前，我国仍有14个集中连片特困地区，其中包括贫困县832个、贫困村12.8万个、贫困人口5575万人，甘孜州是14个连片特困地区之一，18个县（市）都是贫困县，每个县（市）都有贫困乡（镇），每个乡（镇）都有贫困村，每个村都有贫困户，其中5个县是国家级贫困县，贫困程度较深（见表7–3）。

表7–3　甘孜州贫困县

贫困县	县域名称	数量（个）
省级贫困县	康定市、泸定县、丹巴县、九龙县、道孚县、炉霍县、甘孜县、德格县、白玉县、巴塘县、乡城县、稻城县、得荣县	13
国家级贫困县	石渠县、理塘县、雅江县、新龙县、色达县	5

贫困发生率是指贫困人口占全部总人口的比率，2014年全国农村贫困人口贫困发生率为8.5%（国家统计局、国务院扶贫办网站公布数据），而甘孜藏族自治州在2014年的贫困发生率为23.17%，远高于全国贫困发生率平均水平。从2014年实施精准扶贫政策开始，以2014年基数为准，通过精准识别，甘孜州18个贫困县中有贫困村1360个、建档立卡贫困人口22.03万人，虽然贫困人口较多，贫困发生率较高，但通过财政和金融扶贫的大力支持，贫困程度已经降低了很多。2016年甘孜州贫困人口为28866人，贫困发生率为13.73%，2017年贫困发生率降至8.65%。

如表7–4所示，甘孜州18个贫困县，石渠县、德格县和理塘县的贫困户都超过5000户，贫困人数高达2万多人；除康定、泸定、丹巴、九龙和稻城五个县市的贫困发生率小于20%，其余13个县的贫困发生率都高于20%，其中理塘县和色达县的贫困发生率高于30%，德格县、乡城县、石渠县的贫困发生率仅次于其后。甘孜州贫困发生率偏高的贫困县均存在天高地寒、气候恶劣、热量严重不足、农作物品种单一等问题，农牧民贫困人口多，贫困程度深，贫困户需要获得扶贫资金和金融贷款，提高自盈性收入水平。

表7–4　2014年甘孜州脱贫攻坚基数

地区	2014 年基数				
	农牧民人口（人）	贫困村（个）	贫困户（户）	贫困人口(人）	贫困发生率（%）
甘孜州	950928	1360	51775	220289	23.17
康定市	74387	59	2967	11310	15.20
泸定县	67321	44	3043	10493	15.59
丹巴县	50821	54	2245	8564	16.85
九龙县	58117	19	1911	7022	12.08
雅江县	44157	53	2090	10009	22.67
道孚县	49187	86	2558	11540	23.46
炉霍县	41757	88	2394	9781	23.42
甘孜县	63625	129	3387	15708	24.69
新龙县	45686	90	2316	10773	23.58
德格县	82964	102	5755	22708	27.37
白玉县	50025	81	2659	12472	24.93
石渠县	90853	112	5827	23732	26.12
色达县	48750	89	3850	15868	32.55
理塘县	61218	132	5130	22851	37.33
巴塘县	46629	61	2122	9820	21.06
乡城县	25414	42	1270	6834	26.89
稻城县	27720	55	1268	5524	19.93
得荣县	22297	64	983	5280	23.68

数据来源：甘孜州扶贫和移民工作局。

2014年精准扶贫政策实施开始，通过特色产业发展、引导劳务输出、实施易地搬迁、结合生态保护、开展医疗救助和医疗保险、着力加强教育、实行农村最低生活保障制度兜底、探索资产收益8个方面的措施来脱贫，脱贫的数量在持续增长，未脱贫的数量在不断减少。

甘孜州每年的减贫户数和减贫人数呈递增的形式不断减少，在财政“输血”和金融“造血”的帮扶下，甘孜州2014—2017年的脱贫攻坚工作取得了很好的成果，并在2016年、2017年分别有280个、366个贫困村退出，2017年有1个贫困县（泸定县）摘帽，截至2017年12月31日，还有19568户贫困户、8.1991万贫困人口需要摘帽，714个贫困村和17个贫困县要退出贫困，摘掉贫困帽（见表7-5）。

表7-5　2014—2019年甘孜州贫困数退出统计情况

年份	减贫户数（户）	减贫人数（人）	贫困发生率（%）	贫困村退出数（个）	贫困县退出数（个）
2014年	5950	26350	20.39		
2015年	7898	34558	18.76		
2016年	6915	28866	13.73	280	
2017年	11444	49441	8.65	366	1
2018年计划	11585	48301	3.54	463	5
2019年计划	7983	33690	0	251	12

数据来源：甘孜州扶贫和移民工作局。

7.3.4　甘孜州贫困户收入分析

甘孜州贫困户创收方式较单一，主要是养殖业、种植业和外出务工等。甘孜州地质复杂，气候差别大。所谓“一方水土养一方人”，即在甘孜州北部和南部高海拔县域，土地贫瘠，主要靠种植青稞、放养畜牧和挖取药材（虫草、贝母等）为主；在甘孜州东部的县域，海拔相对偏低，交通设施较好，受教育程度相对较高，气候也较好，经济发展相对偏好，主要靠务工、养殖牲畜、种植蔬菜为主。

按贫困户扶贫手册内容，贫困户的收入主要分为工资性收入、财产性收入、生产经营性收入和转移性收入四大类。从图7-3可以看出，甘孜州贫困户收入主要以转移性收入为主，即政府补贴给贫困户的扶贫资金，近四年呈上升的趋势，且转移性收入在甘孜州北部和南部贫困户收入中占比最大。其次是生产经营性收入，贫困户通过种植业、养殖业、旅游服务业等方式获取的收入，近4年该收入每年在4800元/户左右，收入稳定，而针对生产经营性的支出平均在2200元/户左右，也比较稳定。巴塘县贫困户2017年占比最大的收入为生产经营性收入，这与巴塘县的经济现状、自然条件、受教育程度等因素是分不开的。再次是工资性收入，2014—2017

年该收入趋势平稳，泸定、丹巴、九龙3个县域的贫困户中，外出务工人员占比较大，2017年工资性收入是这三个县的主要收入来源。甘孜州贫困户财产性收入主要是指土地流转、土地承包等，该收入是四类收入中最少的。财产性收入在2015—2017年变化浮动较大，2016年该收入有所上涨，到2017年又有所下降，主要是因为2016年实施了资产收益扶贫，通过土地托管、土地承包等方式，增加贫困户的财产性收益，而2017年下降是因为该数据剔除掉了2016年脱贫的贫困户，这些脱贫户也是资产收益扶贫的受益者。

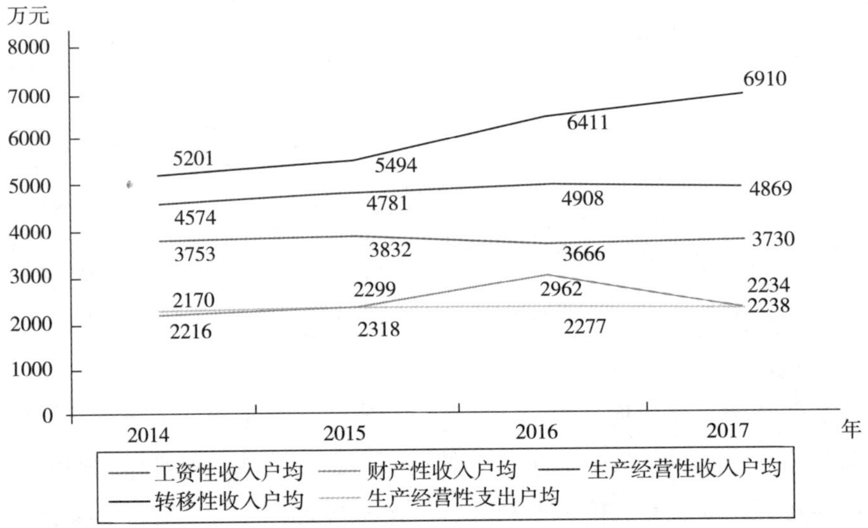

图7-3　2014—2017年甘孜州贫困户收入趋势

资料来源：甘孜州扶贫和移民工作局。

自2014年对贫困户建档立卡开始，贫困户家庭人均纯收入是以每年的贫困户数为基数，通过贫困户工资性收入、财产性收入、生产经营性收入和转移性收入的合计减去经营性支出得出的纯收入。如表7-6所示，2014年各贫困县的家庭人均纯收入大都分布在2000元左右，到2017年收入基本都有所上涨，18个贫困县的平均人均纯收入呈上升的趋势，2016年和2017年的变化浮动不大。有个别贫困县2017年的家庭人均纯收入低于2016年或2015年，主要是这几年每年都有脱贫户，脱贫户的人均纯收入是达到国家标准的，而表7-6中家庭人均纯收入是剔除每年脱贫户而以剩余的贫困户人口数为基数。其中，2017年稻城县的家庭人均纯收入高达6000元，主要是稻城县通过集体经济创收，成立了农民专业合作社，注册了“康巴亚丁香”本土品牌，开发推出菜籽油、野生木耳、松茸等多种农特产品，截至2017年，实现销售收入60万余元。

表7-6　2014—2017年甘孜州贫困户人均纯收入　　单位：元

地区	2014 年 家庭人均纯收入	2015 年 家庭人均纯收入	2016 年 家庭人均纯收入	2017 年 家庭人均纯收入
康定市	2174.12	2335.52	2592.38	2797.52
泸定县	2185.73	2465.36	2770.30	2955.74
丹巴县	2146.57	2131.60	2229.51	2344.95
九龙县	1829.91	1811.52	2032.57	1996.04
雅江县	2209.90	2315.44	2458.11	2415.12
道孚县	2013.41	1996.72	2368.12	2600.06
炉霍县	2098.79	2116.41	2359.38	2280.69
甘孜县	1851.86	1872.86	2183.73	2128.70
新龙县	2015.72	2089.97	2408.68	2699.93
德格县	1642.86	1682.93	2871.10	2095.23
白玉县	1926.32	2200.77	2985.86	2697.78
石渠县	1766.34	1688.08	1904.61	1944.46
色达县	1950.04	1907.98	2236.31	2278.55
理塘县	2128.83	2347.05	2495.12	2409.53
巴塘县	1945.93	2008.89	2283.76	2216.63
乡城县	2296.46	2434.77	2658.53	2658.16
稻城县	1955.11	2264.31	2991.92	6295.15
得荣县	2072.13	2239.65	2416.86	2517.90
甘孜州	1971	2049	2312	2392

数据来源：甘孜州扶贫和移民工作局。

7.3.5　甘孜州致贫原因分析

7.3.5.1　甘孜州致贫原因宏观分析

甘孜州作为14个连片特困地区之一，地区生产总值仅占四川省的

0.06%，人均GDP占全省水平的49.37%。经济欠发达是甘孜州深度贫困的重大因素，主要表现为：第一，甘孜州深度贫困的主要原因是经济欠发达，GDP占全省比例较小，增速低于全省平均水平，农牧民人口多，受教育程度低，产业发展相对单一和同质化；第二，地处高海拔地区，气候恶劣，生态环境脆弱，自然灾害频繁，限制了产业的发展；第三，交通基础设施落后，常住人口城镇化率为29.3%，城镇化率较低，与外界联系不够密切，经济相对封闭不够活跃，经济发展内在动力不足，通过市场寻求自我发展的机会较少。

7.3.5.2 甘孜州致贫原因微观分析

如表7–7所示，从2014—2017年所有致贫原因的分布来看，贫困户致贫原因提及最多的依次是缺技术、缺资金、因病、缺劳力，其中缺技术的占比在26%以上，且呈上升的趋势，缺资金和因病的占比均在20%以上，贫困户要自我发展，对资金的需求较大。给贫困户购买医疗保险、免费提供身体检查等措施实施之后，2017年的致贫原因与2014年相比，贫困户因病致贫的占比减少了0.22个百分点，而缺资金的占比增加了0.91个百分点。此外，因残和自身发展力不足的占比在3%~4%，随着脱贫攻坚任务的不断实行，自身发展力不足的占比呈逐年增加的趋势，这与缺资金、缺劳力、缺技术是息息相关的，贫困户对技术、资金、劳力的需求一直很大。要做到真脱贫，就需要从这几方面考虑，通过金融贷款、技术培训等措施给予帮扶。

表7–7 2014—2017年甘孜州贫困户致贫原因

所有致贫原因	2014年比例（%）	2015年比例（%）	2016年比例（%）	2017年比例（%）
因病	20.28	21.62	20.88	20.06
因残	4.26	4.54	4.29	3.91
因学	2.40	2.26	1.60	0.80
因灾	1.22	1.28	0.98	1.04
缺土地	1.51	1.27	1.15	1.13
缺水	0.17	0.19	0.25	0.18

续表

所有致贫原因	2014年比例（%）	2015年比例（%）	2016年比例（%）	2017年比例（%）
缺技术	26.73	26.70	27.25	27.66
缺劳力	17.07	16.40	16.73	17.79
缺资金	20.68	20.05	20.8	21.59
交通条件落后	1.95	1.79	1.90	1.99
自身发展力不足	3.72	3.89	4.17	3.86

数据来源：甘孜州扶贫和移民工作局。

7.4　甘孜州金融扶贫实践

7.4.1　甘孜州金融扶贫概况

从2014年实施精准扶贫开始，国家除加大财政扶持的力度外，还多次强调金融扶贫。在农村设立的金融机构在农村金融市场中扮演着重要的角色。在政府政策大力支持下，各金融机构通过发放扶贫小额信贷、创新农村金融产品，以及提供金融综合服务等方式，支持农村事业的发展，助推脱贫攻坚。在认真贯彻执行《精准扶贫财政金融互动政策实施办法》文件精神的情况下，加强精准扶贫工作，结合甘孜州实际，通过金融机构，对《甘孜藏族自治州农村扶贫开发规划（2011—2020年）》确定的18个贫困县（市）的建档立卡贫困户进行征信评定，并在核定的额度和期限内，向建档立卡贫困户发放扶贫小额信贷、贫困地区返乡创业贷款和贫困户住房建设贷款。为加大对建档立卡贫困户的信贷支持，降低贷款风险，各县（市）级政府实施了贴息、风险补偿、保证保险等措施，以促进贫困户自身的发展及增收项目，使其尽早脱贫。

中国人民银行甘孜州中心支行通过多种措施将金融服务工作做实，尤其是开展精准扶贫金融服务工作，建立了“1+18”州县（市）联动机制。为引导金融资源提供更好的精准扶贫服务，各县（市）级均成立了县域金融扶贫惠农工作领导小组。该领导小组落实金融优惠政策，推动建立规模1亿元的涉农信贷风险补偿，奖励开展金融支持精准扶贫工作的金融机构。

积极搭建精准扶贫和金融机构的合作平台，引导金融机构加大对扶贫工作的金融支持。构建多层次精准扶贫金融服务体系，提升金融服务水平，通过创新融资方式满足精准扶贫的多元化融资需求。

全州金融网点少，如表7-8所示，县域上总共87家金融机构，包括分理处在内，有些乡镇还存在金融空白的现象。除康定市以外的17个县只有农业银行和农村信用社、邮政储蓄银行三类金融机构，而州府所在地康定市有一家建设银行、农业发展银行、中国工商银行甘孜直属支行营业室和乐山市商业银行甘孜分行，银行业管理机构在甘孜州有两家，一家是人民银行甘孜州中心支行，另一家是人民银行炉霍县支行。金融业（甘孜州第三次全国经济普查公报）中，2013年末，全州共有金融业企业法人单位35个，从业人员669人，分别比2008年末增长了34.62%和减少54.92%。金融业企业法人单位的资产在2013年末总计为580.03亿元，与2008年末相比，增长了31%。

表7-8　2017年甘孜州金融网点数量　　单位：家

地区	县域金融机构数量	乡镇金融机构数量
甘孜州	87	53
康定市	18	9
泸定县	8	10
丹巴县	5	8
九龙县	4	3
雅江县	3	1
理塘县	3	1
巴塘县	5	4
乡城县	4	0
稻城县	4	5
得荣县	4	1
炉霍县	4	2
甘孜县	5	0
石渠县	3	3
白玉县	4	1

续表

地区	县域金融机构数量	乡镇金融机构数量
新龙县	3	2
德格县	3	2
色达县	3	1
道孚县	4	1

数据来源：中国人民银行甘孜州中心支行。

从整体来看，甘孜州的经济发展缓慢，金融业务滞后，主要以存贷业务为主，且主要针对城镇居民和单位企业，而农牧民对于金融业的了解甚少，主要以存款为主。贫困户受到经济条件、教育程度、文化和地域限制等影响，对金融业一无所知，观念落后，思想保守，怕负担过多的利息以及日后无法偿还本金，以及“无债一身轻”的想法，不愿意贷款，这在一定程度上增加了当地金融扶贫的难度。

7.4.1.1　甘孜州金融精准扶贫

甘孜州金融机构不断加强金融政策与脱贫攻坚衔接配合，加强信贷支持与扶贫项目、产业和贫困户的精准对接。加强贫困户与新型农业经营主体之间的利益联结，探索出扶贫带动的新模式，即“政府主导、信贷支持、新型经营主体带动、贫困户自我发展”。

扶贫开发金融服务工作取得阶段性成效如下：①精准对接扶贫信贷需求，利用天府融通、融资推介、现场对接等多种方式，开展多类型、多层次的融资对接活动。截至2017年，对接各项扶贫带动企业45家，授信6.92亿元，签订贷款合同5.7亿元；对接扶贫带动企业9家，签订贷款意向协议7.69亿元，已发放1710万元。②精准对接产业发展需求，依托甘孜州东部、南部、北部的资源禀赋和发展基础，划分各金融机构分工片区，对接农业产业化龙头企业10家，专业合作社140家，农户46户。通过“公司+农户+信贷”、“企业+专业合作社+信贷”、“家庭农场+信贷”、专业大户贷款等产业扶贫新模式，向产业带内的135家农业龙头企业、专合组织及种养大户发放贷款1.74亿元，贷款余额1.55亿元。③开展扶贫小额信贷业务，精准对接建档立卡贫困户脱贫需求。通过“扶贫小额信贷推进会”“扶贫再贷款+扶贫小额信贷”到村试点，组织实施“分片包干、整村推进”的分乡镇主办行制度，制定年度分机构、分县发放计划。截至2017年10月末，已评定贫困户3.87万户，授信11.41亿元，发放15866户共6.29亿元扶贫小额信贷。④精准对接易地扶贫搬迁户资金需求。建立与州级相关部门、经办银行、州级融资平台的磋商机制，配合制定易地扶贫搬迁实施方案及计划、支持政策和使用规范，建立监测制度，通过指导农发行加强项目对接，按县域做好易地扶贫搬迁信贷资金拨付，提高贷款服务效率。⑤精准对接大众创业、万众创新，出台《甘孜州返乡创业贷款操作规程》，大力推动贫困地区返乡创业贷款业务，发放各类返乡创业贷款5120万元，实现县域全覆盖。

7.4.1.2 甘孜州金融扶贫贷款分析

截至2017年9月末，全州精准扶贫贷款余额为137.44亿元，在全省排第8位，同比增长34.31%，与全省平均增速相比，高出7.41个百分点。其中，个人精准扶贫贷款余额14.34亿元，全省排第8位，同比增长307%，增长速度在全省排第4位。

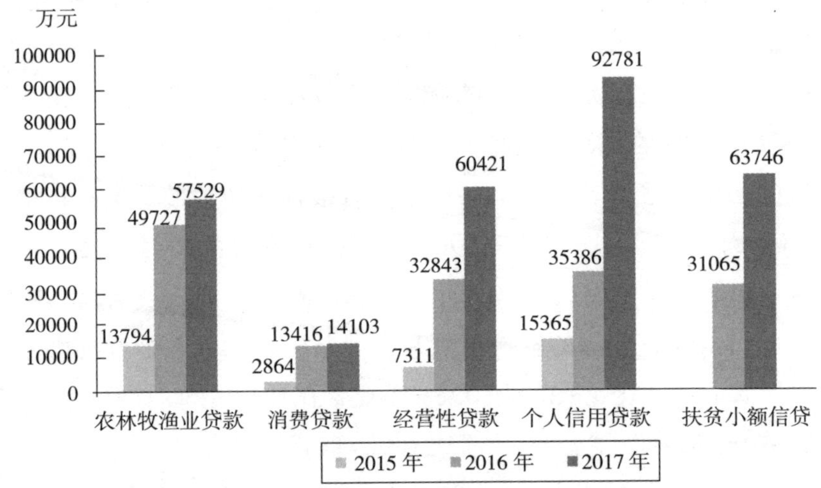

图7-4 2015—2017年甘孜州金融扶贫贷款

资料来源：中国人民银行甘孜州中心支行。

图7–4所示为2015—2017年甘孜州按各类型放贷给贫困户的贷款，近3年贷款金额都是呈上升的趋势。其中个人信用贷款的金额是最多的，金融机构通过给贫困户办理银行卡，对贫困户个人征信进行评定后发放贷款，贷款的数量和额度是迅速增长的，2017年与2016年相比，增幅为1.62倍。其次是扶贫小额信贷，甘孜州通过“7”项精准扶贫措施，建立分险机制，给贫困户授信发放信贷。此外，贫困户通过经营性贷款和农林牧渔业贷款发展特色产业，由景区带动旅游扶贫，经营性贷款翻倍增长。而消费贷款占比最小，贷款金额最少，这主要与贫困户的收入来源的不稳定性、消费观及自给自足情况有关。这5种金融贷款是按个人精准扶贫贷款进行划分的，占甘孜州金融扶贫贷款的比例非常小。金融扶贫贷款中主要是以单位产业精准扶贫为主，近3年占比为70%~90%，主要以集体经济为主，发展各地方的特色农产品、特色旅游产业等。

虽然这些贷款占甘孜州总的金融扶贫贷款的比值较小，但是2015—2017年，各比值都在逐渐增加，尤其是个人信用贷款，2017年的占比是这5种贷款中比值最大的。2015年的扶贫小额信贷的数据缺失，从2016年开始，扶贫小额信贷的占比低于个人信用贷款、农林牧渔业贷款和经营性贷款，但是到2017年，该贷款占金融扶贫贷款的比值反超农林牧渔业贷款和经营性贷款，这与金融机构建立信用体系、授信贫困户等工作紧密相关。

金融机构发放的精准扶贫贷款分为单位精准扶贫贷款和个人精准扶贫贷款。其中，单位精准扶贫贷款是指对建档立卡贫困人口具有扶贫带动和服务作用的组织可以作为借款人向金融机构申请的贷款；个人精准扶贫贷款是金融机构发放贷款给建档立卡贫困户及发放给个人，对建档立卡贫困人口具有扶贫带动和服务作用。

从图7–5中的贷款金额来说，近3年两个专项贷款都在增加，个人精准扶贫贷款的增加幅度更大，2016年较2015年增加了58207万元，增幅为3.1倍，2017年较2016年增加了66561万元，增幅为0.86倍。单位精准扶贫贷款在2017年较2016年增加了151426万元，增幅为0.14倍。从两项贷款的占比来说，近3年个人精准扶贫贷款的占比不断增加，由2015年的2%增加到了2017年的10%。

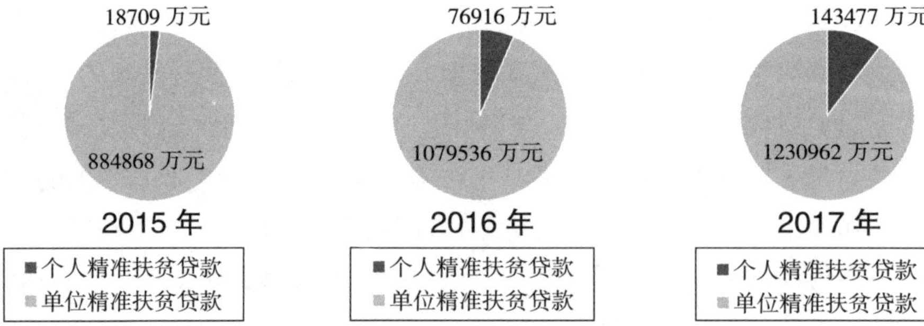

图7-5　2015—2017年甘孜州精准扶贫贷款

资料来源：中国人民银行甘孜州中心支行。

在扶贫贷款政策的推广中，越来越多的贫困户开始通过经营性贷款、住房贷款和助学贷款等方式解决贫困问题，自我发展。同时，各贫困村、贫困县、贫困乡通过发展产业，成立集体经济产业来带动贫困地区的经济，增加贫困户的收入。其中，康定市和丹巴县是甘孜州经济活跃地带，作为产业发展的试点地方，单位精准扶贫贷款最多（见图7-6）。而位于甘孜州南部的雅江县、理塘县、巴塘县和乡城县的经济发展缓慢，没有支柱产业支撑，集体经济缺位，单位精准扶贫贷款数量较少。雅江县、巴塘县和乡城县相对贫困户的数量偏少，贫困户主要通过个人贷款发展产业，尤其是巴塘县，2017年的个人精准扶贫贷款是18个县（市）最多的（见

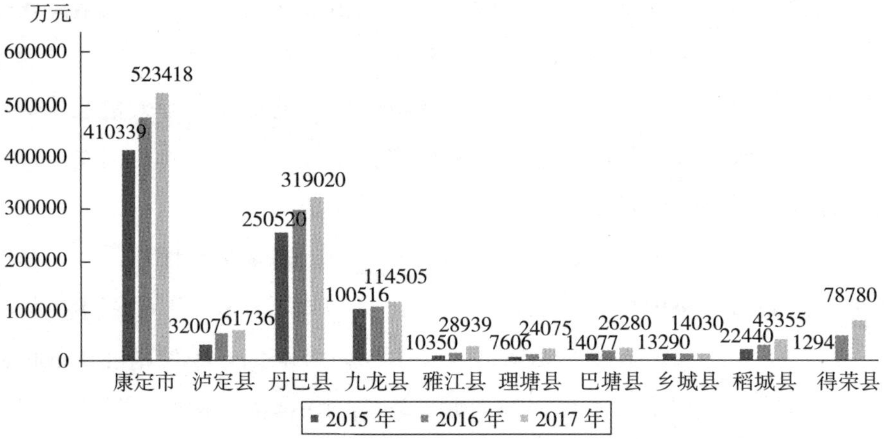

图7-6　2015—2017年甘孜州10个县（市）单位精准扶贫贷款

资料来源：中国人民银行甘孜州中心支行。

图7–7）。理塘县作为甘孜州贫困户数最多的县，受海拔较高、气候恶劣、贫困户分散等因素限制，发展产业难度系数较大，所以单位精准扶贫贷款和个人精准扶贫贷款均较少。

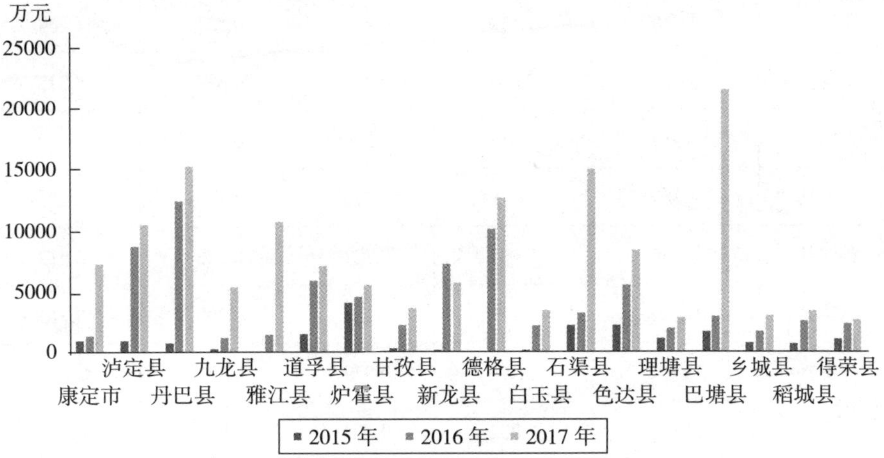

图7–7　2015—2017年甘孜州18个县（市）个人精准扶贫贷款

资料来源：中国人民银行甘孜州中心支行。

康泸丹处于甘孜州经济腹心地位，经济相对发达，交通设施相对便利。在单位精准扶贫贷款中，康定市和丹巴县位居前列，而泸定县2017年该项专项贷款仅为康定市的11%、丹巴县的19%，单位精准扶贫贷款少。泸定县作为2017年甘孜州第一个摘帽的县，个人精准扶贫贷款呈逐年上升的趋势，2016年增幅达到8.5倍。泸定县贫困户通过发展个人产业等，2017年工资性收入在18个县（市）中位居第一。

为了了解甘孜州金融精准扶贫贷款对贫困户收入的影响，以甘孜州及18个县（市）2015—2017年贫困户收入、金融精准扶贫贷款与地区生产总值比率作为变量进行面板回归分析，如表7–9所示。其中，贫困户人均收入作为被解释变量，金融精准扶贫贷款与甘孜州地区生产总值的比率作为解释变量。解释变量，即金融贷款产值率，它表示的是一元金融精准扶贫贷款在甘孜州地区能创造多少产值。

表7-9　2015—2017年甘孜州及18个县（市）贫困户金融贷款产值率回归分析结果（OLS）

项目	Coefficient	t-Statistic	Prob.	R-squared	F-statistic
甘孜州	0.337	74.262	0.0086	0.999	5514.83
康定市	2.446	1.113	0.466	0.553	1.234
泸定县	3.426	2.884	0.213	0.893	8.312
丹巴县	0.910	0.812	0.566	0.378	0.660
九龙县	-9.078	-0.739	0.596	0.353	0.546
雅江县	0.568	0.461	0.723	0.176	0.212
道孚县	21.329	3.118	0.198	0.907	9.723
炉霍县	25.758	7.999	0.079	0.985	63.982
甘孜县	10.042	2.222	0.269	0.832	4.937
新龙县	12.397	0.880	0.541	0.436	0.774
德格县	6.319	1.775	0.327	0.759	3.150
白玉县	-30.969	-0.689	0.616	0.322	0.475
石渠县	3.402	0.907	0.531	0.451	0.822
色达县	17.458	3.413	0.182	0.921	11.647
理塘县	-1.125	-0.768	0.583	0.371	0.589
巴塘县	1.383	0.644	0.636	0.293	0.415
乡城县	16.256	0.421	0.746	0.151	0.177
稻城县	57.766	2.845	0.215	0.890	8.092
得荣县	0.900	9.177	0.069	0.988	84.209
Dependent Variable			各县贫困户人均收入（元）		

回归结果表明，从甘孜州整体情况而言，甘孜州金融贷款产值率与贫困户收入之间存在正相关关系，而且在5%的置信水平下通过了显著性检验。从每个县（市）的回归结果来看，基本上各县域金融贷款产值率与贫

困户收入之间是正相关的，而且在各指标分析中，炉霍县、乡城县、色达县、道孚县、稻城县、甘孜县、新龙县的金融精准扶贫贷款对贫困户收入的影响相对较大，而九龙县、白玉县和理塘县这两个指标呈负相关关系。原因可能有以下几点：第一，白玉县、理塘县在金融扶贫贷款中贷款的量少，对贫困户收入的影响小；第二，九龙县在单位精准扶贫贷款中，贷款量居全州第三位，但对贫困户收入的帮扶并不大；第三，可能数据统计不全，回归分析中存在偏差。总体来说，金融精准扶贫贷款对贫困户收入的提高是有利的。

7.4.2 甘孜州金融扶贫实践

7.4.2.1 甘孜州金融扶贫操作机制

甘孜州金融扶贫工作机制主要为：一是建立州、县、乡、村四级金融扶贫联动机制，成立四级金融精准扶贫领导机构，细化工作措施，明确工作责任，发挥各级优势；二是搭建金融扶贫信息共享、融资对接平台，采集扶贫部门提供的建档立卡贫困户的家庭基本情况、劳动技能等信息，并将信息录入四川省农村信用信息数据库，用于贫困户信用评定；三是建立“1+N”金融助推的脱贫攻坚政策框架，以《金融扶贫惠农工程规划（2013—2020年）》为主线，并陆续出台了《甘孜州金融助推脱贫攻坚实施细则（2016—2020年）》《甘孜州精准扶贫财政金融互动政策实施方案》等系列配套文件，充分聚合“财政、金融、产业”三大政策，形成“政策整合、金融助力、精准扶贫”的工作框架，同时，加强利率定价指导，切实降低贫困户融资成本，扶贫小额信贷率先执行同期限基准利率；四是创新风险控制机制，率先确立7∶3分险比例，建立不良率10%的扶贫小额信贷业务暂停机制，有效降低信贷风险；五是细化操作流程，制定扶贫小额信贷和贫困地区返乡创业贷款操作规程，明确贷款对象、利率、用途，细化信用评定流程，促进金融扶贫政策落地实施，同时放宽信贷准入条件，解决特殊群体信贷需求，将贷款年龄上限放宽到65岁。除以上对金融扶贫工作机制大框架的规划外，相关金融扶贫的细节操作如图7-8所示。

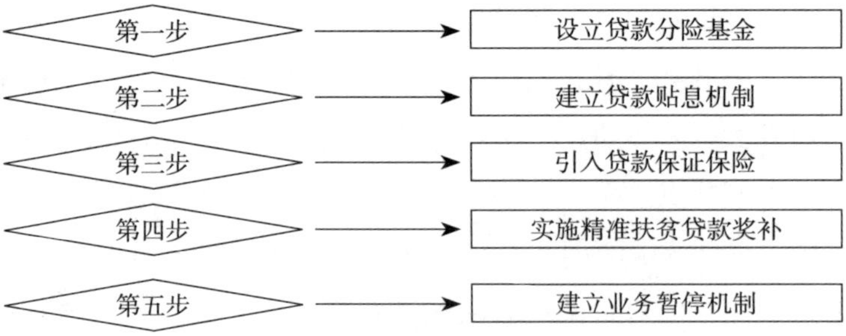

图7-8　甘孜州金融扶贫的操作流程

如图7-8所示，第一步，通过省级财政补助的专项资金，设立贷款分险基金，利用其一次性专项补助设立贫困地区返乡创业贷款、住房建设贷款分险基金，甘孜州和各县（市）财政以当年贷款需求和实际补偿情况为准，匹配所需专项资金，按不低于70%的比例分担金融机构发放两项贷款所产生的损失，即贫困地区返乡创业贷款、贫困户住房建设贷款。各县（市）筹资设立扶贫小额信贷分险基金，基金额度不低于200万元，并以不低于70%的分险基金比例分担未开展扶贫小额信贷保证保险，对于开展扶贫小额信贷保证保险的，合作保险公司分担损失的70%，15%由分险基金分担，剩余的15%由承贷银行承担。

第二步，建立贷款贴息机制，对于获得扶贫小额信贷和贫困户住房建设贷款的建档立卡贫困户，各县（市）级财政按不超过5%的年利率对贫困户扶贫贷款进行资金贴息。

第三步，引入贷款保证保险，承贷银行、保险机构分别需要与借款人签订贷款合同、扶贫小额信贷保险合同，签订的合同期限一致。各县（市）级结合自身实际，对购买小额信用贷款保证保险的建档立卡贫困户，可通过多种渠道筹资给予补贴。在市场规律下，综合考虑风险、政府财政能力等因素，各县（市）级政府与保险公司协商确定保费等内容。

第四步，实施精准扶贫贷款奖补，向建档立卡贫困户发放贷款的经办金融机构，按当年向建档立卡贫困户实际发放贷款总额的1%给予补贴。

第五步，建立业务暂停机制，当扶贫小额信贷、贫困地区返乡创业贷款和贫困户住房建设贷款不良贷款率达到10%时，承贷银行立即暂停相应贷款业务。与政府协商采取进一步的风控措施化解不良贷款后，可恢复受理贷款申请。

在州、县、乡、村四级金融扶贫机构的领导下，地方政府与金融机构根据市场等综合因素成立分险基金，在保证不良贷款率在可控范围的前提下，以最小的风险为建档立卡的贫困户进行贷款，并给予经办金融机构补贴，将金融扶贫与市场相结合，使其更加科学化。扶贫小额信贷分险基金在2017年10月末已筹集2.16亿元，到位1.86亿元，实现小额信贷分险基金县域全覆盖。九龙县和理塘县分别筹集产业扶贫分险基金1000万元和900万元，金融机构按照不高于1：6的比例发放产业扶贫贷款，贷款最长期限为3年，执行同档次基准利率。

7.4.2.2　甘孜州金融扶贫创新

第一，创新扶贫信贷产品及服务方式。辖内各涉农金融机构先后创新推出了以“惠农贷”“惠农易贷”等为代表的扶贫信贷产品，以“公司+基地+农户”“专业合作社+农户”等为代表的融资模式；创新以政策性农业保险为代表的特色保险产品，包括森林、青稞、牦牛等，森林承保面积超过9000万亩，实现县域全覆盖；以青稞、玉米、马铃薯为主的特色种植业承保面积为20.69万亩；以牦牛、生猪、能繁母猪为主的特色养殖业承保头数超过20万头。涉农贷款余额2017年9月末为276.58亿元，其中，农户贷款13.18亿元；对接和培育新型农业经营主体126家，发放贷款1.88亿元。

第二，探索景区带动旅游扶贫新模式。借力全域旅游，充分发挥金融促进旅游业，旅游带动脱贫奔康的作用，形成农旅互动、共同发展的良性态势。例如，运用扶贫再贷款4980万元，创建“央行扶贫再贷款助推脱贫攻坚旅游扶贫示范基地”——康定木雅景区，引导企业通过购买闲置牧民定居住房、保险、吸纳就业等方式带动贫困户脱贫增收，并将其经验在全州推广。联合旅发委对11个旅游扶贫示范村开展调研指导，探索通过旅游景区、旅游产品、成立专项分险基金等途径带动贫困户就业创业模式。例如，旅发委提供产业基金80万元，给予德格藏艺通等2家扶贫带动企业贷款贴息，出资80万元成立专项分险基金，支持旅游示范村贫困户融资创业。

第三，创新扶贫小额信贷发放方式。探索开展“1+7”“扶贫再贷款+扶贫小额信贷”模式，以整村作为试点推进，并在甘孜州得到推广，并将其作为示范点进行复制。“1”即确定1个“扶贫再贷款支持创业扶贫示范村”，作为惠农金融政策的整合平台，“7”即推出7项精准扶贫措施，详情见表7–10。

表7–10　甘孜州7项精准扶贫措施

精准扶贫措施	作用及效果
办理一张银行卡	成为连接农户与惠农资金的纽带
建立一个银行卡助农取款点	建成普惠金融的小超市
评定一批信用户	树立和谐金融观念
探索一种风险分担补偿机制	通过政策性保险、政府分险增信等方式，解决金融不敢进、不愿进的问题
发放一批扶贫小额信用贷款	作为贫困户精准定制的信贷产品
培育一个产业	成为带动贫困户持续增收的保障
创建一个信用村	发挥引领示范效应

甘孜州在金融扶贫创新的模式下，建设普惠金融，提高金融服务，将专业户和农户相结合，增强融资力度，根据独特的自然条件，大力发展旅游、特色农产品等，金融扶贫的创新已见成效。

7.4.3　甘孜州金融扶贫特征总结

第一，结合农村信贷补贴理论，在政府的引导和鼓励下，通过农村信用体系建设，甘孜州经济金融实现良性发展，见表7–11。

表7–11　甘孜州信用体系建设成效

实施效果	具体表现
1. 农村信用环境不断改善，形成了“家家争当信用户，村村争创信用村”的良好局面	① 甘孜州农户信用档案于 2017 年 8 月末建档 17.5 万户，7.57 万农户已通过信用评定 ② 评定州级信用乡镇 3 个、信用村 10 个，县级信用乡镇 16 个、信用村 77 个，29 家诚信专业合作社被评定为“省级示范农民专合组织”

续表

实施效果	具体表现
2. “三农”融资难题有效缓解，将信用评定与精准扶贫相结合，制定建档立卡贫困户信用评定指标体系，开展评级授信，信用对接成效明显	截至 2017 年 10 月末，对 3.87 万户建档立卡贫困户进行了信用评定，评定率为 79.3%，已授信贫困户 11.41 亿元。扶贫小额信用发放贷款 6.29 亿元，覆盖率达 23.8%，高于全省平均水平 7.5 个百分点。其中，稻城县单户最高授信额为全州最高，已达 20 万元
3. 政府财政信用导向显著	优先安排财政补贴资金“开门红补贴”“草原生态保护补偿奖励”“湿地生态补偿”等到信用镇（乡）、村；修路、通电、通网等优先考虑信用镇（乡）、村；90% 以上的创业小额担保财政贴息资金安排给信用农户

第二，通过积极运用扶贫再贷款货币政策工具，以扶贫再贷款示范基地创建为抓手，大力推广“扶贫再贷款+个人精准扶贫贷款”“扶贫再贷款+产业带动贷款”模式，优先支持带动贫困户就业发展的企业和建档立卡贫困户发展生产。从2015年实施金融扶贫政策开始，相关工作人员不断宣传政策，推广各类产业贷款，创新贷款模式，使金融扶贫专项贷款业务呈逐年上升的趋势。例如：金融机构于2017年10月末累计发放扶贫再贷款8.37亿元，实现了地方法人金融机构和18个县（市）全覆盖，惠及建档立卡贫困户13037万户；农业银行四川甘孜县支行以“多户联保”发放贷款的模式，2016年在当地试点无抵押新型农户贷款产品，支持了370余户农户脱贫，解决了贫困农户贷款抵押难、担保难的问题；乐山商业银行甘孜分行运用支小再贷款，立足带动小微企业扶贫，累计发放13户2600万元小微企业贷款，有效降低了企业融资成本，提升了小微企业带动扶贫的能力。

第三，金融机构通过加大对粮食基地建设、特色农业产业等项目的支持，帮助贫困农牧户实现年均增收超过5000元。如表7-12所示，2014—2017年，贫困户收入呈上升的趋势，但2016—2017年个别贫困县的收入略有下降。在金融扶贫的贷款中，经营性贷款、农林牧渔业贷款的增加有利于贫困户户均收入的增加。关于这两种类型的贷款，贫困户都是将其作为一种再生资源进行投资，通过开小卖部、开设民族特色民居旅馆、种植青稞、饲养牲畜等方式来创收。贫困户利用无息的贷款进行商业投资，发展农牧渔业，在提高收入的同时，用赚取的部分利润偿还本金。

表7-12　2014—2017年甘孜州贫困户户均收入　单位：元

地区	2014 年家庭户均纯收入	2015 年家庭户均纯收入	2016 年家庭户均纯收入	2017 年家庭户均纯收入
康定市	8153.94	8777.77	9720.06	10523.17
泸定县	7528.59	8521.67	9216.69	9608.56
丹巴县	7959.30	8047.06	8308.72	8523.13
九龙县	6549.58	6570.02	6886.86	7152.63
雅江县	10061.30	10491.49	11513.62	11314.11
道孚县	8852.05	8836.21	10245.42	11232.47
炉霍县	8128.26	8219.47	9528.70	9117.90
甘孜县	8241.80	8373.84	9504.40	9420.67
新龙县	8958.28	9074.98	10861.43	12199.09
德格县	6132.63	6227.65	7045.49	8147.48
白玉县	8673.43	9896.52	12966.83	11381.71
石渠县	6697.67	6360.00	7307.06	7275.60
色达县	7531.90	7436.80	8913.54	8907.04
理塘县	9257.32	10414.36	10932.32	10859.11
巴塘县	8864.25	9124.37	10008.99	9696.83
乡城县	12255.39	12830.40	13541.22	12662.03
稻城县	8442.18	9499.61	11708.96	22363.27
得荣县	11031.82	11659.16	12326.83	12650.02

数据来源：甘孜州扶贫和移民工作局。

7.4.4　甘孜州金融扶贫可能存在的问题

金融扶贫政策，首先对甘孜州各县（市）、各乡镇的经济发展是有利的，特别是2015—2017年第三产业的崛起，提高了第三产业对地区生产总值的贡献率；其次对极度缺资金且深度贫困的贫困户脱贫是有利的。但是金融扶贫政策出台时间较短，实施过程中也是在不断进行摸索。对此，针对甘孜州金融扶贫的调查分析显示，其金融扶贫的实施可能存在以下问题。

7.4.4.1 产业支撑缺乏，金融服务工作基础薄弱

由于产业发展引导培育不够、致富带头人缺少、集体经济缺位等因素，甘孜州部分贫困户没有产业支撑，尤其是在北部和南部县域；基础设施建设、“三农”、民生及扶贫等薄弱环节的发展面临着抵押担保不足，突破金融对接“瓶颈”难度较大等问题，抑制了金融产品的拓展、金融资源的介入。

7.4.4.2 贫困户内生动力不足

一是“怕贷款”思想比较普遍。多数贫困户思想传统，观念陈旧，满足于“无债一身轻”，“等靠要”思想较为严重，缺乏脱贫致富的内在动力。二是劳动力短缺。甘孜州贫困户家庭成员中无劳动能力的人口高达8.93万人，占比达40.54%，发展产业的“主角”缺位，贷款意愿不强。三是贫困户中还存在14788户的低保兜底户，这部分贫困户大部分因身体、智力缺陷等丧失了生产劳动能力，也难以获得金融支持。四是贫困户对金融的认知不足，运用金融促进发展的能力匮乏，信用意识和风险识别意识不强，在长期接受财政扶持的影响下，容易将金融支持等同于财政救助，其中有3424户建档立卡贫困户尚未归还贷款。

7.4.4.3 财政资金对金融资源的引领撬动不足

企业应急转贷资金、小微企业风险补偿基金等风险缓释机制尚未建立健全，财政、产业、金融“三方”政策配合度有待提高；受到甘孜州各县级财力的限制，牦牛、青稞等政策性农业保险难以全面推广；农村支付环境改善的成本高、难度大，银行卡助农取款点因奖补政策缺乏长效性、商户收益低等，其改造升级面临负面影响。

7.4.4.4 “动态调整”导致部分已贷扶贫小额信贷存在政策风险

2016年以来，对贫困户的识别出现过多次调整，2017年开展了贫困户“回头看”工作，部分已享受扶贫小额信贷的贷款主体因贫困性质发生变化产生政策风险，极易出现矛盾纠纷或引发信贷风险。例如，审计署四川特派办审计发现，甘孜州有319户被认定为贫困户并获得扶贫小额信贷后，

又因认定有误，被剔除出贫困户名单。

7.4.4.5 “扶贫再贷款”与“扶贫小额信贷”利率政策不匹配

按照现行的扶贫再贷款政策要求，使用扶贫再贷款发放的扶贫小额信贷利率不高于一年期基准利率，为提高贷款收益，部分信用社使用扶贫再贷款发放扶贫小额信贷时，将贷款期限确定为一年期。但对于贫困农户来说，一年之内要把投入生产领域的信贷资金全部收回并归还银行存在很大压力。

7.4.4.6 配套政策难以完全到位

甘孜州经济发展相对滞后，地方财政收入较低，承担扶贫小额信贷贴息、分险和农业政策性保险保费补贴压力较大。一旦出现风险，在现有分险基金的基础上，如上级财政不予补贴，县（市）政府可能难以足额补充，造成扶贫小额信贷政策难以继续实施，农业政策性保险难以全面推广。

7.5 甘孜州金融扶贫的相关建议

通过金融扶贫调查分析，根据调研发现的问题，提出几点关于甘孜州金融扶贫政策的建议：

7.5.1 普及金融知识及金融理念，完善金融服务体系

调查发现，金融服务在甘孜州没有完全覆盖，很多乡镇存在金融服务空白区，并且很多农村贫困户的文化水平较低，导致其对贷款、储蓄、保险金融扶贫等可能都没有概念，难以通过这种方式改善生活。

所以，首先应该消除金融服务空白区，通过中国农业发展银行、中国农业银行和农村信用社等，优先在贫困县设立新型农村金融机构，例如，设立小额贷款公司、村镇银行等，覆盖金融空白地区；然后可通过鼓励民间发展金融，建立一个多层次、多主体的农村金融服务体系。此外，可以依托这些金融机构普及金融知识和金融理念，鼓励储蓄和信贷，为金融扶

贫政策的有效实施奠定基础。

7.5.2 “输血”与“造血”相结合，加大财政资金对深度贫困地区的支持

扶贫方式中，财政“输血”与金融“造血”是相辅相成的，在推行“造血”的扶贫方式的同时，也应该继续坚持财政补贴。甘孜州是深度贫困地区，可加大对其帮扶的倾斜力度，可提高深度贫困地区扶贫小额信贷分险比例、建立财政金融持续扶持机制，以及对贫困户投保的牦牛、青稞、藏系羊等进行农业政策性保险，全额补贴保费，缓解贫困户自身购买力有限与农险产品高费率之间的矛盾。

7.5.3 创新金融扶贫方式，进行多样性扶贫

甘孜州的金融扶贫是近几年才起步的，方式较为单一，在探索金融扶贫的道路时，可借鉴金融扶贫做得比较好的地区的经验，然后结合甘孜州每个县、每个乡镇甚至贫困户的文化水平、自我发展能力等实际情况来制定金融扶贫政策。而且金融工具和方法不能仅局限于小额贷款，还应该包括互联网金融、移动支付、保险等手段。金融扶贫应该在金融扶贫政策和金融扶贫手段两方面都采取多样性的方式。

7.5.4 对清退贫困户出台统一的扶贫小额信贷政策

相关部门可以出台政策，按照脱贫不脱政策的原则，对前期被认定现在又被剔除的贫困户获得的扶贫小额信贷，继续给予分险贴息，防范矛盾纠纷和信贷风险的发生。

7.5.5 加强信用体系建设，改善金融生态环境

甘孜州作为连片特困地区之一，贫困程度深，贫困范围广，在实施金融扶贫政策时，应加强信用体系，通过建设绩效考核机制，构建“守信激励、失信惩戒”机制，出台相关制度办法，推进政务诚信、商务诚信、社

会诚信以及司法公信的建设。同时，可将甘孜纳入四川省社会信用体系建设的重点试验区，打造诚信甘孜，并在资金、教育、宣传等方面给予支持。

参考文献

[1]Adams D W. Filling the deposit gap in microfinance[M]. Paper for the Best Practices in Savings Mobilization Conference, Washington D.C,2002.

[2]Salman Ahmed Shaikh. Poverty alleviation through financing microenterprises with equity finance[J]. Journal of Islamic Accounting and Business Research, 2017,8(1).

[3]Lu TAN. Financial Poverty Alleviation in Rural Areas of Hubei Province[J]. Asian Agricultural Research, 2017, 9(10):20-22, 25.

[4]Paul Mosley. Microenterprise finance: Is there a conflict between growth and poverty alleviation?[J]. World Development, 1998, 26(5).

[5]黄承伟,陆汉文,刘金海.微型金融与农村扶贫开发——中国农村微型金融扶贫模式培训与研讨会综述[J].中国农村经济,2009(9):93-96.

[6]黄彦菁.我国农村金融扶贫体系构建[J].北方经贸,2013(2): 35-36.

[7]朱玲.乡村金融机构运作和农业中长期信贷问题[J].财经问题研究,1995(3):3-9.

[8]吴国栋.中国农业发展银行与您同行——反贫困中的贷款运作构思[J].民族团结,1995(1):45-46.

[9]郑长德,单德朋.集中连片特困地区多维贫困测度与时空演进[J].南开学报(哲学社会科学版),2016(3):135-146.

[10]单德朋,郑长德,王英.贫困乡城转移、城市化模式选择对异质性减贫效应的影响[J].中国人口·资源与环境,2015(9):81-92.

[11]单德朋,郑长德,王英.金融可得性、信贷需求与精准扶贫的理论机

制及研究进展[J].西南民族大学学报(人文社科版),2016(9):127-134.

[12]单德朋.民族地区贫困的测度与减贫因素的实证研究[D].成都:西南民族大学,2013.

[13]陈仲铮.民族地区金融机构设置再探——对甘孜州金融机构改革的思考[J].四川金融,1990(11):54-55,8.

[14]何雄浪,杨盈盈.金融发展与贫困减缓的非线性关系研究——基于省级面板数据的门限回归分析[J].西南民族大学学报(人文社科版),2017(4):127-133.

[15]刘建康.贫弱地区农村金融供给探讨——以四川省甘孜州为例[J].西南金融,2010(2):43-45.

[16]尹小莉.民族地区金融民族地区金融扶贫调查——以四川省甘孜藏族自治州为例[J].青海金融,2016(12):20-24.

[17]赵晓霞,杨丽萍.新世纪藏区扶贫政策目标达成研究——以四川省甘孜藏族自治州为例[J].农村经济,2012(2):70-74.

[18]龚薪友.甘孜州:精准扶贫 精准脱贫[J].四川党的建设,2017(7):62-63.

[19]陈凌珠.藏区农牧区精准扶贫工作调查与思考——以四川省马尔康市为例[J].新疆农垦经济,2016(9):66-70.

[20]陈灿平,姜豪.扶贫视阈下甘孜州县域旅游产业竞争力研究[J].民族学刊,2016,7(5):71-75,120-122.

[21]沈茂英.四川藏区精准扶贫面临的多维约束与化解策略[J].农村经济,2015(6):62-66.

[22]汪三贵,郭子豪.论中国的精准扶贫[J].贵州社会科学,2015(5):147-150.

[23]苏畅,苏细福.金融精准扶贫难点及对策研究[J].西南金融,2016(4):23-27.

[24]吴义能,叶永刚,吴凤.我国金融扶贫的困境与对策[J].统计与决策,2016(9):176-178.

[25]付先军,张延寒,粘天宾.金融扶贫模式的调查与思考[J].华北金

融,2012(2):45-46.

[26]张丽娜,郝晓蔚,张广科,等.国外农村扶贫模式与中国“精准扶贫”创新模式探讨[J].黑龙江畜牧兽医,2016(10):35-37.

[27]孙涌.开展金融精准扶贫[J].中国金融,2015(20):69-71.

[28]么晓颖,王剑.金融精准扶贫:理论内涵、现实难点与有关建议[J].农银学刊,2016(1):4-7.

[29]鄢红兵.创新“金融+”实施精准扶贫——当前我国金融扶贫的难点及对策[J].武汉金融,2015(9):56-59.

[30]周孟亮,彭雅婷.我国金融扶贫的理论与对策——基于普惠金融视角[J].改革与战略,2015,31(12):40-44.

第8章 “三变”改革的六盘水实践

龚贤[①]

摘 要 “三变”改革，指的是资源变资产，资金变股金，农民变股民。本章对贵州省六盘水市“三变”改革情况进行了调查，六盘水民族地区“民族成分多、人口比例高、居住区域广、贫困面积大、贫困人口多、贫困程度深”，是脱贫攻坚的主战场。近年来，六盘水市高度重视民族文化保护发展和民族地区脱贫攻坚，应用辩证思维正确处理民族文化与脱贫攻坚的关系，以“资源变资产、资金变股金、农民变股东”的“三变”改革为抓手，在民族文化发展中坚持调存量、优增量、提质量，做优加长民族文化长板，补齐民族地区经济发展短板，形成“三变+民族文化”“三变+旅游”“三变+扶贫攻坚”模式。

关键词 六盘水市；“三变”改革；脱贫攻坚；民族文化

8.1 六盘水市情简介

六盘水市位于贵州西部乌蒙山区，是国家“三线”建设时期发展起来的一座能源原材料工业城市。全市总面积9965平方千米，辖六枝特区、盘州市、水城县、钟山区4个县级行政区和5个省级经济开发区，87个乡（镇、街道）。2016年末全市户籍人口340万人，以彝族、苗族、布依族为代表的

① 龚贤，西南民族大学中国少数民族经济博士研究生。作者诚挚感谢六盘水市政府部门的支持。

少数民族人口89.27万人，占总人口的26.27%。矿产资源富集，有煤、铁、锰、锌、玄武岩等矿产资源30余种，是全国“14大煤炭基地”的重要组成部分，是长江以南最大的主焦煤基地，素有“江南煤都”之称。气候资源独特，冬无严寒、夏无酷暑，年平均气温15℃，夏季平均气温19.7℃，冬季平均气温3℃，被中国气象学会授予“中国凉都”称号。旅游资源丰富，围绕全域旅游着力打造山地大健康旅游产品体系，建成牂牁江湖滨旅游度假区、野玉海国际山地旅游度假区、乌蒙大草原旅游景区、梅花山旅游景区等10余个重点旅游景区。民族文化多彩，44个少数民族孕育了丰富多彩的民族民间文化，有盘县彝族山歌、盘县布依盘歌、六枝梭戛苗族蜡染技艺、水城南开苗族芦笙技巧等国家级非物质文化遗产，有彝族火把节、苗族跳花节、回族开斋节、仡佬族吃新节等丰富多样的节庆文化。建有亚洲第一座生态博物馆“六枝梭戛苗族风情生态博物馆”、中国第一个彝族文化园“海坪彝族文化园”、中国最大的布依族铜鼓“月亮河布依族铜鼓”。

8.2　六盘水市少数民族基本情况

六盘水市是一个多民族地区，境内有44个少数民族，其中世居少数民族7个（彝族、苗族、布依族、白族、回族、仡佬族、水族），少数民族人口89.27万人，占全市常住人口的30.89%。

全市现有民族乡25个、享受民族乡待遇镇14个，占全市乡镇（街道）的44.8%，民族乡镇面积占全市总面积的60%。全市80%的贫困人口集中居住在民族地区，具有“民族成分多、人口比例高、居住区域广、贫困面积大、贫困人口多、贫困程度深”的特点，民族地区是脱贫攻坚的主战场。六盘水市委、市政府高度重视民族文化保护发展和民族地区脱贫攻坚，应用辩证思维正确处理民族文化与脱贫攻坚的关系，以“资源变资产、资金变股金、农民变股东”的“三变”改革为抓手，在民族文化发展中坚持调存量、优增量、提质量，做优加长民族文化长板，补齐民族地区经济发展短板，形成“三变+民族文化”“三变+旅游”“三变+扶贫攻坚”模式，建成亚洲第一座生态博物馆六枝梭戛苗族风情生态博物馆，陇脚布依风情园、落别布依文化园，盘州乌蒙大草原、盘州妥乐古银杏村、哒啦仙谷，水城海坪彝族文化园、陡箐苗族文化园、米箩布依文化园、龙场白族文化园等民族文化园区。这些民族文化园区成为民族文化与脱贫攻坚的重要载体，成为宣传党和国家民族政策法规的主阵地。

8.3 六盘水市少数民族聚集区精准扶贫工作情况

六盘水市是一个多民族居住地区，属于贫困山区，少数民族呈大杂居、小聚居的分布特点，少数民族聚集区主要集中在民族乡境内。全市4个县（市、特区、区）中，有3个国家扶贫开发重点县（六枝特区、盘州市、水城县），1个省定重点县（钟山区），其中六枝特区、水城县属国家14个连片特困地区中的滇桂黔石漠化片区，钟山区以“天窗”县进入滇桂黔石漠化片区规划。全市87个乡镇中有民族乡25个，615个贫困村中有民族村293个，162个深度贫困村中有民族村92个。2013年底，25个民族乡常住人口52.62万人，少数民族人口40.9万人，建档立卡少数民族贫困户达20.9万人，占少数民族人口的51%。到2016年末，减少少数民族贫困人口8.57万人，少数民族贫困人口下降到12.33万人，贫困发生率为19%。

近年来，六盘水市以少数民族贫困人口脱贫增收为核心，创建了“提高人口素质、改善人居环境、转变生活方式、完善公共服务、健全社会保障”等脱贫攻坚新模式，少数民族聚集区发展面貌发生了巨大变化，脱贫攻坚工作取得了显著成效。

一是以精准识别为基础，聚焦少数民族贫困人口，做细做实精准扶贫的基础工作。按照凉都“六法”（即入户调查法、实地踏勘法、比对排除法、民意问卷法、联合审核法、公示公告法）和“五定五看”评价体系（即定人头看责任、定地头看产业、定龙头看就业、定户头看保障、定年头看成效），认真组织开展少数民族贫困人口识别工作，识别少数民族贫困户20.9万人，制定帮扶措施2700余条。

二是以科学治贫为引领，突出抓好扶贫创新，探索少数民族地区精准扶贫新路径。2016年作出创建“216”开放式扶贫试验区（即2个省定极贫乡、1个连片石漠化脱贫攻坚协同决战区、6个脱贫难度大的极贫乡）战略部署，2017年，针对“216”开放式扶贫试验区，全市成立了4个战区指挥部和13个决战工作队，派出干部219名，整合各类资金200亿元，实施项目343个，已开工建设207个，竣工81个。

三是以“一达标两不愁三保障”为重点，完善基础条件，保障民族聚集区群众生产生活。到2016年末，在民族聚居区实施农村危旧房改造2.66万户，投资18.62亿元；实施小康房建设0.25万户，投资2.5亿元，民族聚集区人居环境得到明显改善。在民族聚集区建成4个电子商务示范点，带动了50余名群众就业，就业人员年均收入达2.2万元。

四是以“三变”改革为统揽，激活城乡发展要素，增加少数民族贫困户资产收益。“三变”改革以来，全市25个民族乡共有19.8万亩承包地入股经营主体，共整合扶贫、发改、农业、林业、水利等部门的涉农资金2.8亿元参与入股，共有12.33万人通过“三变”改革入股受益，推行“三变+城市资源+扶贫”“三变+金融+扶贫”“三变+旅游+扶贫”等众多鲜活有效的方式。

五是以易扶搬迁为抓手，坚持城镇化集中安置，帮助少数民族贫困群众“挪穷窝”。2017年全市民族乡和民族村寨安置点共有38个，搬迁安置5660户20657人，其中少数民族搬迁户2428户13147人，少数民族贫困户1630户7337人，农民人均收入从2015年的6800元增长到2016年的7980元。

六是以产业扶贫为重点，调整农业产业结构，建立扶贫路径等长效机制。2013年以来，在民族乡累计投入财政专项扶贫资金4.87亿元，种植核桃65.7万亩、猕猴桃2.87万亩、茶叶15.04万亩、蔬菜3.92万亩、红豆杉0.9万亩、油菜1.83万亩、花卉苗圃0.41万亩、刺梨32.5万亩、精品水果2.7万亩、中药材3万亩，投放种畜1.5万只，蓄养草地6.48万亩，受益少数民族贫困户达9.85万人。

七是以激发内生动力为目的，强化宣传教育培训，全面提升创业就业的能力。仅2016年，针对少数民族聚集区贫困学子、贫困村致富带人、农村贫困妇女等群体，实施“雨露计划”“三女培育行动”等11类培训，培训少数民族贫困人口6872人。累计资助少数民族贫困大学生312人，2016—

2017学年，资助少数民族贫困学生就读技校、中职、高中、高职、高校等共计7657人。

8.4　六盘水市“三变”改革工作推进情况

2014年以来，六盘水市认真按照中央关于农村改革的部署和要求，在省委、省政府的坚强领导下，深入推进农村资源变资产、资金变股金、农民变股东的“三变”改革，利用农村自然资源、存量资产、人力资本等，促进农业产业增效、农民生活增收、农村生态增值。

资源变资产，就是村集体将集体土地、林地、水域等自然资源性资产和房屋、建设用地可经营性资产的使用权评估折价变为资产，通过合同或协议的方式，以资本的形式投资入股经营主体，按股获得股权收益；资金变股金，就是在不改变资金使用性质及用途的前提下，将各级财政投入农村的发展类、扶持类资金等，量化为村集体或农民持有的股金，投入各类经营主体，享有股份权利；农民变股东，就是农民自愿将个人的资源、资产、资金、技术等，入股到经营主体，参与分红，成为股权投资人，变为股东。

2017年，“三变”改革已覆盖65个乡镇、31个社区（街道）、872个行政村、31个省级农业园区。土地承包经营权入股167.98万亩，整合财政资金8亿元，撬动村集体自有资金1.31亿元、农户自有资金5.09亿元、经营主体资金45.47亿元，共有50.14万户农户成为股东（其中贫困户12.2万户），带动165.33万名农民（其中贫困人口31.65万人）受益。“三变”改革从根本上解决了资源、资金、农民分散这一阻碍农村发展的顽症，以股份合作为纽带，推动了农村经济规模化、组织化、市场化发展，促进了农户与经营主体“联产联业”“联股联心”，激活了农村发展内生动力，探索出一条切实可行的科学脱贫之路。

一是解放和发展农村生产力。“三变”改革的核心是打造“股份农民”，农民家庭通过资源、资金、资产入股经营主体，获得股份分红、平台务工收入和创业收益，主体地位凸显，农民自我发展的主动性、积极性、创造性充分激活，个人生产力得到释放和发展；通过产业的平台作用和股权的纽带作用，既培育了新型农业经营主体，又吸引了大量农民工返乡创业和就业，把农民个人利益、企业利益、集体利益捆绑在一起，形成个人生产力和企业生产力的叠加效应，促进了社会生产力的提高。

二是推动和加快脱贫攻坚进程。“三变”改革通过股权纽带把贫困群众与经营主体连接起来，放大了贫困群众狭隘的生产空间、生存空间和发展空间，推动了城乡生产要素的融合，既为城市工商资本提供了新的投资渠道和平台，又为贫困地区注入了新的发展元素，让发展能力弱、客观致富条件差的群众搭上企业发展的顺风车，改变了过去点对点的扶贫模式，创新了产业精准扶贫机制，加快脱贫攻坚进程。

三是调整和优化农村产业结构。通过“三变”改革，培育了一批种养、加工、冷链、物流等农业龙头企业和特色农产品，促进第一、第二、第三产业融合发展，有力推动了农业发展由传统向现代转变、粗放向集约转变、自给向市场转变、单一型向复合型转变、分散经营向适度规模经营转变，实现农业产业规模化、组织化、市场化发展。

四是厚植和提升生态文明建设。通过“三变”改革，厚植了生态文明，让生态产业为群众提供健康的脱贫路径、健康的生存环境、健康的食品供给、健康的生活方式、健康的价值取向，使绿水青山源源不断地带来金山银山。

五是创新和完善农村现代治理体系。通过“三变”改革，全市共组建了73个联村党委，构建了乡镇党委—联村党委—村党组织三个层级的乡村治理新体系。培育了1114个农民专业合作社参与“三变”改革，盘活了大量长期闲置的村级集体资源资产，增强了农民的国家意识、集体意识、法治意识、市场意识，不断推动农村治理体系和治理能力现代化。

8.5 水城县精准脱贫实践

水城县位于贵州西部，总面积3606平方千米，辖13个乡、13个镇、4个街道，总人口93万人，居住着汉族、彝族、苗族、布依族等26个民族。

境内有便利的交通条件，水盘高速、六六高速、杭瑞高速等构成了四通八达的交通网络，是六盘水的重要交通枢纽。境内有与“中国凉都”一脉相承的独特气候，最高海拔2861米，最低海拔633米，冬无严寒，夏无酷暑，气候温和，雨量充沛，年平均气温12℃，是名副其实的“天然大空调”。境内有丰富的资源能源，已探明煤、铁、铅、锌、锰等31种矿种，水能资源蕴藏量118万千瓦，是六盘水的重要能源基地。境内有独特的旅游资源，野玉海国际旅游休闲度假区、百车河温泉度假小镇、米箩猕猴桃观光园、北盘江大峡谷景区等一系列各具特色的景区景点，是大健康旅游胜地。境内有浓厚的文化底蕴，南开苗族跳花节、青林芦笙艺术节、海坪彝族火把节、水城农民画等民族民间文化丰富多彩，是国家文化部命名的“中国民间文化艺术之乡”。

8.5.1　水城县“五融五化”助脱贫基本做法及成效

水城县境内共有汉族、苗族、彝族、白族、布依族等26个民族，少数民族人口42.21万人，占总人口93万人的45.16%。由于历史条件、发展基础等方面的原因，水城县贫困面大、贫困程度深，2017年全县还有贫困户4.86万户，贫困人口15.47万人，贫困发生率为18.9%。近年来，水城县积极探索创新“五融促五化”机制，推动民族文化与“三变”改革、易地扶贫搬迁、特色城镇、全域旅游、美丽乡村、特色产业等融合发展，形成了民族文化助推精准扶贫的链条。

（1）坚持把民族文化融入“三变”改革，促进民族文化发展产业化

积极探索创新“三变+民族文化”模式，让民族文化资源变成资产和股权，变成老百姓实实在在的经济收入。

一是坚持以文为股打造玉舍彝族文化产业园。海坪村全面盘活当地彝族文化资源，由野玉海管委会希幕遮公司出资100万元，与海坪彝族传承人、当地彝族同胞成立六盘水彝源文化有限公司，吸纳和培养当地农户从事文艺演出，负责景区彝族迎宾舞、铃铛舞、山歌对唱、彝家情景剧、彝家酒令、篝火晚会等民族文化活动表演，同时生产、出租、出售彝族服饰和经营特色餐饮，带动易地扶贫搬迁农户脱贫致富。

二是坚持以画为股打造陡箐农民画产业园。陡箐镇采取“合作社+农民画创作者”的模式，50名农民画创作人员以技术入股，合作社负责销售协调服务，按照3：97的股比分红，农民画远销海内外，先后到法国巴黎等地参展，创作了“千米农民画”，2017年正在申报吉尼斯世界纪录，2016年全县农民画产值达到了810万元。

三是坚持以绣为股打造补那布依文化产业园。猴场乡补那村充分利用当地丰富多彩的布依文化资源，成立了惠明布依绣娘农民专业合作社，全社共70户235人，其中贫困户25户74人，销售收益分红企业占79%，合作社理事及社员共占20%，村集体占1%，合作社成立以来，创收超过百万元，每位社员年收入超过2万元。

（2）坚持民族文化融入易地扶贫搬迁，促进民族根源文化精品化

结合少数民族“大杂居、小聚居”的特点，采取集中搬迁的方式，在“挪穷窝”“断穷根”的同时，推动民族文化创新发展。

一是坚持带着传承民族文化的使命搬。在搬迁的过程中，带着传承民族文化的历史使命搬迁，把民族文化当作自己的宝贝搬迁，实现了民族文化更好汇集、创新发展、与时俱进，增强了少数民族同胞的文化自信和民族自豪感。如海坪千户彝寨在对周边6个乡镇分散居住的1006户彝族同胞进行集中搬迁的同时，打造了希慕遮广场、支格阿鲁广场、太阳历广场、火把广场、九重宫殿、土司庄园等彝族文化载体，进一步丰富和传承了彝族文化的内涵，现正在申报国家易地扶贫搬迁示范点。

二是带着唤醒民族文化的思路搬。在搬迁的过程中，加强对民族文化的打磨，没有让文化脉络在搬迁的过程中断裂，而是通过“搬”，厚植少数民族同胞的“根源文化”。陡箐镇对分散居住的496户苗族同胞实行集中搬迁，建成了1000平方米的苗族文化广场，创新建立了锦绣坊、农民画传习所、农民画工作室等载体，唤醒了一直沉睡的民族文化，把少数民族同胞的乡愁与文化一起进行了移植，推动苗族文化在集中搬迁的过程中创新发展、不断发扬光大，现已成为全省、全国的农民画基地。

三是带着移植乡愁的民族情怀搬。按照看得见山水、记得住乡愁、留得住文化的要求，注重把乡愁变成文化，贫困户搬到哪里就把乡愁移植到

哪里，如龙场茶叶小镇把500户分散的白族群众集中搬迁到茶叶园区，在搬迁中，广泛搜集白族文化，打造了白族本主庙，提升了白族本主节的影响力，移植和完善了白族对山歌、白族歌舞、祭祀等乡愁文化，成功打造了一个在全市、全省具有一定影响力的白族风情及茶产业文化第一重镇。

（3）坚持把民族文化融入文化扶志工程，促进民族文化自信具体化

积极探索创新民族村寨新型农民培育方式，以民族民间文化的抢救、传承、保护为重点，将民族文化与现代科技技术有机结合起来，注重寓教于乐、寓教于技、寓教于富，在丰富民族村寨精神文化生活的同时，提高少数民族同胞科学文化素养，增强少数民族群众脱贫致富奔小康的内生动力。

一是注重培育农民画创作人员。在12所中小学设立了“水城农民画”培训基地，在陡箐东关e寨等地建立了农民画工作室15个，累计培训农民画创作者2000余人。

二是注重培育农村能工巧匠。以传承民族手工艺为重点，积极采取资金支持、平台搭建、交流学习等多种方式，累计培育刺绣、蜡染、芦笙制作等农村能工巧匠100余人。

三是注重培育民间文艺创作人员。以乡村旅游为重点，加大民族歌舞演员的培训力度，累计培育苗族芦笙舞、彝族搭体舞、民间故事等各类民族民间文化创作人员3000余人，培育各类非物质文化传承人52名。

四是注重培育农村适用技术人才。以创业就业为重点，加大少数民族地区农村适用技术培训力度，累计培育少数民族农村适用技术人才1000余人、乡村旅游导游200余人、创业致富能手500余人。

（4）坚持把民族文化融入全域旅游，促进农旅文融合发展一体化

按照农旅融合、文旅融合、文体融合的思路，推动农旅文体统筹发展，坚持把少数民族的民居、民俗、民风等文化元素整合到全域旅游发展的各个方面，让民族文化变成旅游文化，让文化产品变成旅游商品，推动民族乡镇、民族村寨发展转型，使广大少数民族群众吃上了旅游饭，实现了脱贫致富。

一是着力打造一批民族文化骨干景区。以民族文化体验为主题，着力

打造一批民族风情文化休闲度假小镇。如海坪彝族文化园依托国家玉舍森林公园，加大对彝族歌舞文化、彝族服饰文化、彝族祭祀文化等民族文化的挖掘整理力度，形成了以彝族风情文化为主题的大型健康旅游康养胜地。龙场白族文化园深入挖掘当地白族文化，精心打造当地白族同胞的本主节，形成了具有500户规模，集观光农业、民俗体验、休闲养生为一体的白族风情度假小镇，带动了周边乡镇6000多户群众发展致富。米箩布依文化园深入挖掘当地布依同胞的服饰、歌舞、祭祀、婚嫁等民族文化，精心打造具有本土特色的布依六月六活动，形成了集产业观光、精品水果采摘、水上乐园、山水田园、民俗体验为一体的骨干景区，带动了周边乡镇2万多户群众脱贫致富。

二是着力打造一批特色民族村寨。坚持把民族文化作为美丽乡村建设的主要元素和灵魂，把民族文化融入美丽乡村建设的民居改造、村庄建设、景观小品、民俗酒店、民俗美食等各个方面，成功打造了20个各具特色的民族文化村寨，创建国家级民族村寨3个，省级民族特色村寨15个，市级民族特色村寨2个，有效改善了少数民族村寨群众的生产生活条件，展现了少数民族同胞良好的精神风貌。如花戛乡天门村以180余栋布依吊脚楼为主要元素，坚持保护与开发相结合，加强对布依蜡染、刺绣、服饰、祭祀等文化的挖掘整理，精心制作了《布依族最后的家园》专题片，获得了西部国际电影节（民族类）一等奖，杨剑获最佳导演奖，《中国吊脚楼》于2017年9月15—24日在丝绸银幕亚洲美国电影节——中国专堂展影，并在各大网站播出。猴场乡格支村以喇叭苗文化元素为载体，加大对当地民间文化的挖掘整理力度，投入资金500万元，对村容村貌进行全面打造，形成了一个宜居宜游的民族村寨，被评为省级民族特色村寨。

三是着力打造一批精品文化活动。广泛开展丰富多彩的文化体育活动，大力支持少数民族在传统节日举办各类民俗活动，鼓励社区、村寨广泛开展丰富有益的文化体育活动。2017年，彝族火把节已逐步成为国际性的活动，2016年规模达20万人以上。海坪彝族风情小镇成为全国鞭陀大赛永久性举办地，鞭陀大赛已成为国际性赛事，规模达10万人以上，首届国际鞭陀大赛暨中国第6届鞭陀大赛于2017年7月28日在海坪举办。

（5）坚持把民族文化融入特色城镇建设，促进城乡统筹发展一体化

坚持把民族文化与地域文化、历史文化、农耕文化等进行有效糅合，让每一个小城镇真正有灵魂，让民族文化在美丽乡村建设中“活”起来。

一是着力打造一批特色文化小镇。全县共打造特色小城镇26个，其中省级特色示范小城镇2个。如玉舍镇充分利用彝族文化，着力打响“海坪彝族火把节”文化品牌，依托海坪彝族文化园，成功打造了一个具有鲜明彝族文化特点的省级示范小城镇，现正在申报国家级示范小城镇。陡箐镇将水城农民画与苗族文化进行有效糅合，把苗族文化元素融合到民居、广场、道路、餐饮等各个方面，形成了以苗族文化为特色的苗族风情小镇。米箩镇深入挖掘布依民族文化，依托米箩猕猴桃产业园区，加强布依村寨、布依广场的建设，精心打造布依六月六等文化活动，形成了独具特色的布依风情小镇。

二是着力打造一批旅游度假小镇。注重推进历史文化、地域文化、农耕文化融合发展，充分利用独特的山水田园等旅游资源，着力打造一批有文化、有灵魂的旅游度假小镇。例如，百车河温泉度假小镇加强对历史文化、水车文化的挖掘整理，成功打造了梦回明清、时光水车、端午水车文化节等精品项目，形成了全省、全国独一无二的水车文化之乡。

三是着力打造一批美丽乡村。以民族文化挖掘整理为重点，在全县打造了32个“四在农家·美丽乡村”升级版示范点，其中国家级示范点1个，省级示范点2个，市级示范点11个。如倮么村依托独特的民族风情、浓厚的民族文化，对全村500余户房屋集中实施布依族风格民居改造和村庄整治，着力打造布依风情园，为创建“美丽乡村”增添了民族特色和文化元素，丰富了“美丽乡村”的内涵，成为全国美丽乡村升级版示范点。

近年来，水城县通过坚持不懈地大力发展民族民间文化，有力地推动了民族文化的大发展大繁荣，促进了全县各民族的大团结大和谐，加快了少数民族乡和少数民族村寨的经济社会发展。

一是实现了民族文化大发展大繁荣。通过深入推进文化体制改革，加大民族民间文化的挖掘整理力度，加强民族乡镇、民族村寨公共文化设施建设，不断丰富和创新民族民间文化，有效推动了全县民族文化的大发展

大繁荣。2017年，全县共有文化市场主体150家，其中民族文化市场主体20余家，发展各类民族协会、学会等组织15个，建成民族村寨文化大院80个、文化广场50余个、文化长廊50余个，挖掘整理民族服饰、民族节日、民族活动等民族民间文化360件，建立非物质文化遗产名录体系，其中国家级2个、省级8个、市级18个、县级98个，形成了民族文化与各领域文化融合发展的良好格局。米箩布依文化园、陡箐苗族文化园、海坪彝族文化园、龙场白族文化园“四大民族文化园”各展异彩，格支、补那、天门、倮么、猴儿关等一批民族特色村寨百花齐放，海坪彝族火把节、龙场白族本主节、陡箐农民画等民族文化正成为享誉全国全省的文化品牌，被评为“中国民间文化艺术之乡”，成为名副其实的“中国现代民族民间绘画之乡”，被评为“中国最美绿色生态旅游名县”和“中国最美休闲度假旅游名县”，获得了“中国鞭陀之都”的荣誉称号，全县文化产业发展势态良好，文化产业增加值预计达5亿元。

二是加快了民族地区群众脱贫致富。通过全面落实党的民族政策，坚持优先支持和鼓励民族地区经济发展，千方百计加大民族文化、民族经济的发展力度，加强民族村寨的打造，不断完善民族地区基础设施和公共服务设施，夯实民族地区经济发展后劲，激发农村发展活力，有效推动了民族地区经济社会发展，促进了少数民族群众脱贫致富奔小康。党的十八大以来，全县各乡镇和街道、各部门采取“三变”方式，累计整合投入资金1.45亿元，落实少数民族发展资金项目86个，涉及基础设施建设、公共服务、产业发展、技术培训等方面，累计实现19.57万名贫困群众脱贫，其中少数民族贫困群众脱贫30935人。

三是促进了全县民族大团结大和谐。通过坚持不懈地加强民族文化的挖掘整理，结合旅游文化发展大会，采取灵活多样的形式，深入开展“民族团结进步月”活动，深入实施“民族团结进步创建”建设工程，以苗族、彝族、白族、布依族“四大主体民族”为重点，以“四大民族文化园”为引领，积极支持和鼓励少数民族群众开展丰富多样的民族文化活动和节日活动，累计创建民族团结进步示范乡镇3个、示范机关3个、示范村5个、示范社区2个、示范学校3所、示范企业2个、示范军营2个，形成了各少数民族相互包容、相互融合、相互促进的发展格局，促进了各民族大团结大和谐，全县民族团结和谐指数为96.7%。

四是提升了少数民族群众综合素质。通过坚持不懈地推动民族文化发展，坚持扶贫与扶智相结合，不断完善民族村寨各类文化设施和体育健身设施，坚持把民族文化作为加强少数民族综合素质教育的主要载体，注重把思想扶贫、文化扶贫、技术扶贫、教育扶贫等紧密结合起来，认真组织编印了《苗族农民画》《多彩布依》等民族民间文化校本教材，创作了《生态水城情飞扬》《晒月亮》《再唱山歌给党听》《水城之水》等歌曲，采取群众喜闻乐见的方式，加强少数民族同胞的思想教育、文化教育、科技教育，少数民族群众的综合素质得到不断提升，少数民族地区乡风文明的氛围正逐步形成。

8.5.2 水城县“三变”改革工作推进情况

近年来，水城县紧扣“中国凉都·生态水城”建设战略思路，以企业为龙头、产业为平台、股权为纽带、农民为主体、脱贫为目标，深入推进“三变”改革工作向纵深推进，走出了一条具有时代特征、水城特点的“三变”改革之路，成为全省“三变”改革的“发源地”，是六盘水“三变”实践创新的“试验田”。

一是创新“三变+特色产业”模式。坚持把“三变”改革与山地特色农业产业发展紧密结合，采取“村企联合、产业连片、基地连户、股份连心、责任连体”的方式，全力打造“股份农民”新样板。通过“三变+特色产业”模式，建立企业（合作社）、村集体、农民三者之间的利益链接机制，让老百姓从旁观者变成了参与者，从参股变成了控股，充分调动了老百姓的积极性，在全县掀起了轰轰烈烈的产业结构调整热潮。

二是创新“三变+山地旅游”模式。为加快推进山地特色旅游产业发展，坚持把“三变”改革与乡村旅游紧密结合，形成了以浪漫野玉海、激情百车河、神秘北盘江“三大龙头”为带动，以海坪彝族风情小镇、米箩布依风情小镇、龙场白族风情小镇、陡箐苗族风情小镇“四大骨干”为支撑，32个多彩农旅示范点相互联动的全域旅游发展格局，切实带动贫困群众发展致富。如双办滴水岩村依托双水街道国有平台公司（水城县鼎丰投资有限公司），按照“公司+集体+农户”的合作模式，投资600万元共同开发瑞德马术体验中心项目，公司以项目经营管理、项目建设管理、资金435万元入股，占股60%；50户贫困户以中央专项扶贫资金100万入股，占股16.67%；滴水岩村委会以自然资源、基础设施、集体资金65万元等入股，占股23.33%。该项目涉及贫困户50户124人。

三是创新“三变+特色小镇”模式。坚持把“三变”改革与特色小城镇建设紧密结合，通过“三变”引导各类要素向特色小城镇聚集，让周边群众共享小城镇的公共资源，切实把每一个特色小城镇打造成“富民小镇”。例如，化乐镇在特色小城镇建设过程中，共征地160亩，由建设方将20万元的协调费划拨给五星村作为村集体经济积累，五星村用这20万元在小城镇购买4个门面和100个摊位，量化给104户搬迁贫困户，将门面和摊位统一出租管理，收益按村集体占股40%、贫困户占股60%的方式分红。

四是创新“三变+集体经济”模式。坚持把“三变”改革与发展农村集体经济紧密结合，进一步盘活沉睡的村级集体资源和资产，用其入股参与经营，激活了村级集体经济发展活力。截至2017年，全县村集体经济总量积累达6389.68万元，在2015年的基础上增加3323.16万元，增长了108.36%，其中经济收益情况为：5万~10万元的普通村65个，10万~50万元的经济发展村76个，50万~500万元的经济强村25个，500万元以上的富裕村2个。例如，勺米镇坡脚村将上级投入的发展壮大村集体经济的100万元专项资金作为股金，入股水城县民裕种养殖农民专业合作社，实施林下养鸡项目，村集体占股32.02%，每年可增加村集体经济收入28.8万元。

五是创新“三变+转移就业”模式。坚持把“三变”改革作为转移农村剩余劳力就业的主要途径，引导农民群众采取劳动力入股的方式，实现在家门口就业。如润永恒公司将猕猴桃基地集中分片划包给懂技术、有劳动能力的土地入股农户进行管理，解决了2600多名农村剩余劳动力的就业问题，入股农户获得了“入股保底金+固定分红+务工工资+管理地块30%股权”的“四重保障”，解决了企业与农户“两张皮”的问题，使企业与农户形成了利益共同体。

六是创新“三变+生态移民”模式。坚持把“三变”改革与易地扶贫搬迁结合起来，增加搬迁农户的财产性收入，确保搬迁农户搬得出、有就业、稳得住、能致富。例如，野玉海千户彝寨易地扶贫搬迁项目（共1006户23万平方米），由农户将上级补助的易地扶贫搬迁资金作为股金，与野玉海管委会入股建设，按照山地旅游度假房来打造。待管委会收回投资成本后，由建设方、经营方、农户三方按照出资额，明确股比，按股分红。

七是创新“三变+商贸服务”模式。坚持把“三变”改革拓展到城市公共资源领域，让广大群众共享城市资源。例如，双水街道小山社区成立了水城县永丰商贸有限公司，承包辖区内停车管理、小区物业管理、家政服务等业务，村集体以门面、资金等入股，农户以资金、劳动力等入股，收益中村集体占60%，农户占40%，既发展壮大了村集体经济，又带动了农户致富。

八是创新“三变+注资招商”模式。坚持把“三变”作为招商引资的重要引擎，依托全县“八大特色产业”和“九大农业园区”，全面加大招商引资力度，大力培育“三变”承接主体。例如，水城经开区高科公司采取入股、参股等方式，在帮助困难企业解决困难，让困难企业活起来、强起来的同时，不断拓展公司业务，发展壮大公司实力，在全县走出了一条“注资招商”的新路子。

九是创新“三变+特色文化”模式。坚持把“三变”改革与特色文化发展结合起来，推动特色文化形成产品、形成产业，带动群众致富。例如，陡箐镇猴儿关农民画基地，由农民画家自筹资金成立农民画合作社或画廊，其余画家以农民画技术、资金入股，接到订单后按产品规格大小、尺寸进行创作，待收益后按劳分配，年底按股份分红。该基地现有农民画画家50人，农民画合作社、画廊共8个，带动就业50余人。

十是创新“三变+农村电商”模式。坚持把“三变”改革融入互联网平台，充分利用双水冷链物流中心，切实将“三变”嫁接到城乡电子商务产业上来，打通工业品下乡和农产品进城通道，促进特色产业发展，拓宽特色农产品销售渠道，为农户解决了后顾之忧。2017年，储存量为6000吨的双水冷链物流中心已建成并投入使用，建成县电子商务公共服务中心

（县电商产业园）1个，建成农村电商服务站点135个、在建50个，乡（镇、街道）电商服务站覆盖率为100%，村级电商服务点覆盖率为50%。

十一是创新“三变+金融扶贫”模式。积极探索创新“平台公司+合作社+贫困户”模式，将建档立卡贫困户整合起来，以村（居）为单位成立合作社，将建档立卡贫困户申请的“脱贫贷”通过合作社纳入平台公司的生产经营，由平台公司每年将贷款总金额的6%放贷给合作社（贫困户占5%、村集体占1%）的方式，通过182家合作社，实现全覆盖，带动贫困户44097户137300人脱贫。

第9章　四川深度贫困地区脱贫攻坚精准施策与大扶贫格局构建的思考

单德朋[①]

摘　要　四川深度贫困地区主要集中在大小凉山彝区和高原藏区，经济机会缺乏、地质条件复杂、生态环境脆弱等多重不利因素叠加，脱贫攻坚任务紧迫而艰巨。为了如期完成四川深度贫困地区贫困人口脱贫的底线任务，需要厘清深度贫困地区贫困现状和经济社会发展的家底，从宏观角度处理好区域发展和脱贫攻坚的关系，从中观角度统筹多方力量，形成“三位一体”大扶贫格局，从微观角度增强微观贫困主体的自我发展能力，激发内在活力。

关键词　深度贫困地区；精准扶贫；精准脱贫；“三位一体”大扶贫格局

9.1　引言

2017年6月23日，习近平总书记在山西太原市主持召开深度贫困地区脱贫攻坚座谈会。座谈会上，习近平总书记准确研判了深度贫困地区脱贫攻坚的现状、难点和任务距离，高屋建瓴地提出了加快推进深度贫困地区脱贫攻坚的8条要求。四川省作为脱贫攻坚的主战场之一，也面临着深度

① 单德朋，法学博士，西南民族大学经济学院教授/中国西部民族经济研究中心研究员。

贫困地区的艰巨脱贫攻坚任务。学习贯彻习近平总书记在深度贫困地区脱贫攻坚座谈会上的重要讲话精神，凝神聚力，实干作为，谱写脱贫攻坚四川篇章，是当前四川深度贫困地区脱贫攻坚面临的重要理论和现实问题。四川深度贫困地区主要集中在大小凉山彝区和四川高原藏区，经济机会缺乏、地质条件复杂、生态环境脆弱等多重不利因素叠加，脱贫攻坚任务紧迫而艰巨。为了如期完成四川深度贫困地区贫困人口脱贫的底线任务，需要厘清深度贫困地区贫困现状和经济社会发展的家底，从宏观角度处理好区域发展和脱贫攻坚的关系，从中观角度统筹多方力量，形成“三位一体”大扶贫格局，从微观角度增强微观贫困主体的自我发展能力，激发内在活力。

9.2 四川深度贫困地区和深度贫困群众的致贫原因

第一，普遍的经济欠发达是四川深度贫困地区贫困的主要矛盾。2015年，四川45个深度贫困县人均地区生产总值为19341元，远低于同期全省平均水平37425元。在经济新常态背景下，受限于相对单一和同质化的产业体系，四川深度贫困地区当前的产业发展模式不足以应对消费结构的多样化变迁，四川深度贫困地区受总体增速放缓和结构变迁的影响更大，2015年四川深度贫困地区有6个深度贫困县总体经济增速为负，这对四川深度贫困地区如期完成减贫目标和全面建成小康社会目标提出了挑战。

第二，复杂的地质条件和脆弱的生态环境是四川深度贫困地区贫困的“第一天性”因素。2017年阿坝州九寨沟县7.0级地震、凉山州普格县山洪泥石流和四川茂县叠溪山体滑坡事件均发生在四川深度贫困地区，复杂的地质条件既是四川深度贫困地区致贫的重要客观原因，又给脱贫攻坚工作带来了更大挑战。从四川生态安全战略格局来看，四川深度贫困地区主要处于川滇森林及生物多样性功能区、若尔盖草原湿地功能区、大小凉山水土保持生态功能区，多为限制和禁止开发区，其生态功能属性限制了产业发展的路径选择。

第三，受到交通基础设施的限制，经济活动集聚不足使要素投入难以获得规模经济，从而导致经济发展内在动力不足。2015年四川深度贫困地区城市化率仅为26.74%，有9个县城市化率低于20%，且2015年14个深度贫困县规模以上工业企业利润为负值，深度贫困地区难以通过市场力量吸引要素集聚。

第四，因病致贫、因残致贫是贫困户最重要的致贫和返贫原因。党的十八大以来，随着脱贫攻坚工作的持续推进，四川深度贫困地区义务教育、基本医疗和住房全面有保障的程度显著提升。但受限于当前的医疗保障力度和相关制度，深度贫困地区部分深度贫困群众还面临高额的自付医疗开支，如大病治疗、异地就医、慢性病持续治疗、预付医疗费等都给深度贫困群众稳健脱贫带来了较大压力。

9.3　协调推进四川深度贫困地区区域发展与脱贫攻坚

第一，区域发展是深度贫困地区的工具性目标，脱贫攻坚才是深度贫困地区的构建性目标。习近平总书记在座谈会上明确指出，深度贫困地区的区域发展必须围绕精准扶贫发力，区域发展是精准扶贫的重要组成部分。习近平总书记的讲话为各项工作“围绕谁、如何做”的问题提供了根本遵循，即四川深度贫困地区的各项工作围绕脱贫攻坚展开，要发展能够使贫困人口受益的产业，要提高贫困人口参与度和受益水平。交通建设和水利工程项目的规划要以村、户受益为重要立项依据，相关建设项目实施要加大深度贫困群众的就业吸纳能力。针对四川深度贫困地区的资源禀赋，大力开发特色农牧业和旅游业，通过产权股权置换、农民身份转换等方式提高相关产业发展中贫困人口的参与度和收益水平。

第二,四川深度贫困地区区域发展要因地制宜，精准施策。四川深度贫困地区虽然具有贫困人口占比和贫困发生率高等共性特点，但各深度贫困县的致贫原因和禀赋条件各有不同。因此，四川深度贫困地区的脱贫攻坚既要针对共性特征集中力量办大事，又要根据内部差异，分类施策，实现精准帮扶。

第三，在共性帮扶方面，要聚焦制约深度贫困地区脱贫攻坚的“牛鼻子”问题，在继续推进现有帮扶项目的基础上，加大扶贫资源向深度贫困地区的转移支付规模和政策倾斜力度。从四川深度贫困地区的实际情况来看，各深度贫困县具有共性的“牛鼻子”问题包括基础设施滞后和因病致贫等。针对基础设施，要加大四川深度贫困地区基础设施的建设力度，尤其是进村入户的“毛细血管”道路建设，并加大道路维护力度，改变重建设、轻维护的情况。要继续整合资源，加大深度贫困地区和深度贫困群众医疗救助力度。在医疗救助的终点上，做到医保实时结算无死角，异地就诊直接结算，提高慢性病补助标准。综合利用大病医疗救助、民政救助、爱心基金、社会救助等多种渠道，切实降低深度贫困地区大病贫困人口的自付金额。同时，将医疗帮扶关口前移，专项推进饮用水安全、饮食结构调整项目，盯住“住上好房子、过上好日子、养成好习惯、形成好风气”，大力推进四川深度贫困地区“四好”村建设。

第四，在精准帮扶方面，要分类精准施策。针对地质条件特别复杂、自然条件特别恶劣地区的群众，加大异地帮扶搬迁力度。在四川深度贫困地区异地搬迁过程中，还存在异地搬迁贫困户依靠原有生产资料维持生计，生产和生活所在地通勤距离较长的情况。为此，四川深度贫困地区下一阶段的异地搬迁要规划好新居所在地的生产资料，加大异地搬迁群众针对性技能培训，做到“搬得出，留得住，能致富”。针对生态环境脆弱地区和所在地区贫困群众，一方面要加大生态补偿转移支付力度，另一方面要增加护林员等公益性岗位。但在设置公益性岗位时，要强调相关岗位的工作职责，引入相关工作绩效考核制度，防止出现将公益性岗位等同为转移支付的情况，切实体现公益性岗位的设置目的。

9.4 统筹多方力量，构建深度贫困地区脱贫攻坚“三位一体”大扶贫格局

第一，做好扶贫资金的内部统筹和外部开拓，聚焦扶贫资金向深度贫困地区倾斜。针对深度贫困地区脱贫任务重、脱贫成本高、脱贫难度大的特点，四川深度贫困地区脱贫攻坚要列出问题清单，锚定关键点，单线专

项资金密集投入，打破部门和区域划分，实施项目负责制，做好项目动态管理工作。同时，多方面动员，开拓扶贫资金来源，利用项目建设吸引带动社会资金投入。

第二，协调专项扶贫、行业扶贫和社会扶贫，构建“三位一体”大扶贫格局。在国家层面东西部协作扶贫的基础上，四川也动员省内多方力量对口帮扶贫困地区和贫困群众，省直机关和省内发达区县与四川深度贫困县结对帮扶，同时行业和社会扶贫力量也积极参与深度贫困地区脱贫攻坚。但既往的多方力量存在协同不足、各自为政的情况，降低了有限帮扶力量的帮扶绩效。习近平总书记提出的“三位一体”的大扶贫格局是解决多方力量合力不足的根本举措，为了落实构建大扶贫格局的要求，四川在推进深度贫困地区脱贫攻坚过程中要解决好两个匹配。一是匹配好扶贫力量供给和帮扶措施需求，各方帮扶力量要立足深度贫困地区和深度贫困群众的需求进行有效供给，而非擅长什么、有什么就供给什么，因此要在深度贫困县县级层面搭建统一的平台，在平台上明确显示贫困主体的帮扶措施需求，在该平台上与各方帮扶力量对接，形成有效匹配。二是匹配好多元利益主体的诉求，寻找兼顾各方诉求和脱贫攻坚的最大公约数。

第三，在“最后一公里”问题上，将扶贫资源与贫困户精准匹配，解决“怎么扶”的问题。加大财政转移支付力度，构建大扶贫格局，确保最大的帮扶资源流量，但依然面临将帮扶措施流量转化为帮扶绩效存量的问题。为了实现精准施策，要牢记习近平总书记“下一番‘绣花’功夫”的嘱托。“绣花”不是同质化帮扶政策自上而下地“印刷”，而是到贫困户房前屋后和田间地头，与深度贫困群众促膝相谈，把抽象的贫困户概念，转化为生动的“李大爷”“王大娘”。每一户深度贫困户的致贫原因都不是单一维度的，是多种特性情况的叠加，只有真正了解每一家贫困户的致贫原因，才能找到最具针对性的帮扶措施。

第四，增强微观贫困主体自我发展能力，激发脱贫攻坚内在活力。一是盯住短期就业增收，增强微观贫困主体自我发展能力。从短期就业增收的角度来看，可以通过就业技能培训、劳务输出和提供公益性岗位等方式实现。但从既往实践来看，四川深度贫困地区在贫困群众技能培训和劳务输出上还存在一些问题，如在高原藏区，适宜开展培训工作的时间与贫困群众上山挖虫草、药材的时间冲突，导致培训工作成效不够。各地区培训内容高度重复，主要是厨师、维修、焊工等的培训，培训内容设置没有充分体现贫困户的个性化需求，这些问题导致贫困群众参加培训后的就业率并不高。针对就业增收方面存在的问题，四川深度贫困地区在技能培训方面要注意和劳务输出相挂钩，先找市场需求，找出口，然后针对性地设计培训内容。另外，在贫困群众劳务输出方面，不仅要强调输出，而且要做输出劳动力的有力后盾，提供再培训机会，并在维护贫困群众劳务权益方面积极作为。

二是盯住长期贫困阻断，改善教育条件，促进深度贫困地区教育公平。教育是阻断贫困代际传递的关键，四川深度贫困地区已经基本做到义务教育有保障，但这里的保障主要是指受教育年限的保障，而非教育质量的保障。为了提高教育回报率，做到学有所成，学有所用，四川深度贫困地区接下来需要强调义务教育质量的提升。2017年的难点主要在于师资力量的不足和优质师资力量的流失问题。为此，针对四川深度贫困地区的教育现状，要进一步加大深度贫困县师资的定向支持力度，促进师资的双向良性流动，并带动自有师资的培养。

三是理解贫困群众行为逻辑，体现精准帮扶的因势利导和顺势而为。部分贫困群众不主动作为，自我发展意愿不强有其内在行为逻辑，只有理解“穷人的理性”，才能在帮扶措施上顺势而为。贫困群众属于风险厌恶者，对风险抵御能力极弱。因此，对于新的帮扶措施和产业选择，贫困群众往往选择等待，而非积极主动参与。另外，对于收益周期相对较长的产业，贫困群众也往往会选择观望。因此，基于风险规避的内在活力不足，有其内在的行为逻辑，相关帮扶措施可以强调非贫困户的示范效应，另外，也可以通过保险产品的引入，降低贫困群众参与产业的风险。

四是创新扶贫工作方式，提升深度贫困群众脱贫致富的内在活力。既往有些帮扶措施，对贫困群众内在活力的激发不足，部分地区的少数群众还产生了“等靠要”、将养老责任推向社会等问题。针对此类问题，习近平总书记在座谈会上指出，要改进帮扶工作方式方法，利用生产奖补、劳务补助、以工代赈等机制，教育和引导贫困群众通过自己的辛勤劳动脱贫致富。从四川深度贫困地区的实践来看，有些贫困村将扶贫资金用于奖励通过自我努力实现脱贫的贫困群众，取得了良好的社会效果。

综上所述，习近平总书记在深度贫困地区脱贫攻坚座谈会上的讲话，为四川深度贫困地区脱贫攻坚的政策选择指明了方向，也为深度贫困地区脱贫攻坚的理论研究提出了要求。各级政府和相关理论研究人员应全面贯彻落实习近平总书记讲话精神，凝神聚力，实干作为，确保深度贫困地区和深度贫困群众如期与全国人民一道进入全面小康社会。